JN224368

西周王朝論

《話体版》

高島敏夫

朋友書店

西周王朝論
《話体版》

高島敏夫

表紙に配した金文「周」は《大盂鼎》から
背表紙に配したのは、天室を頂く「天円地方」の建物復原図。
（傅熹年氏作図の陝西省扶風県召陳村西周建築遺址Ｆ３である）

目次

第二部　「令」字論序説

序文

本書は「第一部　西周〈昭穆期〉の位相」と「第二部　「令」字論序説」とで構成されている。それぞれ独立した論考であるが、西周時代中期頃の様相を異なる視角から切り込んで考察した西周王朝論の性格を持っている。

前者は、この時期の西周王朝をめぐる従来の史観の矛盾に一つの解決案を提示したものである。後者は、西周王朝の任官式における発令の仕方がこの時期に大きく転換したことを「令」字論の視角から描出したものである。とりわけ後者は任官式における音声の世界を想定したことによって、文字誕生論『甲骨文の誕生　原論』（人文書院　二〇一五年）へと発展する契機を持っていたことも附言しておきたい。『原論』で提示したのは、《文語的な特別な口頭言語》（雅語）を記したのが「文字」であり、いきなり「文字言語」が誕生したのではないという文字観である。いきなり「文字言語」が誕生したと考えてしまうのは、口頭言語には日常的に使う言語（俗語）の他に、《文語的な特別な口頭言語》（雅語）が存在することを想定しなかったことに起因するというのがその核心部分である。このような文字観を提示できたことには大きな意味がある。これまでアプローチしようのなかったテーマに踏み込むことができるからである。

第一部については「結語」のところで全体を見渡していただくための簡単な要約を記しておいたので、これ以上前置きすることは差し控える。ただ、ここに記した事柄がすでに研究者の間でかなり浸透しているために、初めてお読みになる読者には特別目新しいことがないような印象を与えるかも知れないが、私の書いたものがオリジナルであり、その意味ではエポック・メイキング的な論考であると理解していただきたい。重要なのは結論そのものよりも結論にいたるまでの論証の過程である。その論証を支えるところの、古代王朝の特質を理解する仕方の方にむしろ注目して頂きたいのである。ここで展開した様々な問題がまた別のテーマへと発展するという方向性を指し示してもいる。その点では他の方々との問題意識の違いが自ずから出ているのではないかと思う。この王朝論はまた国家論の観点からのアプローチでもあり、現在継続中の「殷周革命論」にも繋がるモチーフを内包していることも一言しておきたい。

第二部は西周王朝における任官式の記録である「冊令（命）形式金文」を対象とするものだが、任官式の様態を表現する語として最も中枢に位置する「令」と「命」の関係と差異について論じたものである。もう少し具体的に言えば、任官式における王命の発し方が西周中期から大きく転換したことについて論じたもので、それを「令」と「命」との概念の差異に焦点を当てて追究したものである。端的にいえば、それまでは口頭のみで発せられていた王命が、中期からそれに冊書（策書）という文書を伴う王命へと転換されたことを論じたということである。「令」

という一つの文字に焦点を当てて論じたものでありながら、問題が多岐にわたるのは、それが王命を示す語であることによる。そこに王権論、国家論というテーマも胚胎しているという点では第一部と同じである。

これを書いていた頃はまださほど明確に意識してはいなかったのだが、そこに口頭の世界、音声の世界を想定したことによって、言語と文字との関係を考える契機が生まれたという具合になっている。言い換えれば、この論考から文字に対する根本的な考え方（文字観）が大きく転換し始めたこと、そのことが今改めて読み返してよく分かるのである。話体版で書いたことについては「あとがき」に改めて述べることにする。

【注記】発表してからかなりの時間が経過しているが、新出の資料や関係論文によって書き改めなければならないところは特にない。ただ新出資料に関心の強い向きもあると思われるので、【補記】の形で言及しておいた。

第一部　西周〈昭穆期〉の位相

——西周王朝形成過程論序説——

はじめに

　これから私がお話し申し上げますのは、西周時代の中間に位置する〈昭穆期〉をどう捉えるかという問題です。西周時代の史実の断片を直接保存する資料としては、青銅器に彫られた銘文である金文が残っていますが、その銘文から垣間見られる〈昭穆期〉の歴史的情況に関するこれまでの一般的な解釈と、『史記』などの史書の記述内容とが乖離しているため、西周史を理解する上で一つの大きなネックになっています。このような問題に処する態度として考えられるのは、まず同時資料としての銘文の記述を信頼して、史書の記述を疑うという態度、言い換えれば史書の資料性を疑うという態度です。またもう一つの態度として考えられるのは、銘文・史書の何れにも、ある程度の史実の反映が見られるとして、銘文と史書の解釈を再度検討吟味するという態度です。従来の金文学者がとって来た態度は、強いてどちらかと言えば前者に傾いているように思いますが、銘文資料の読み方としては、これまでの解釈で良かったのかどうか、史書の読み方が表面的に流れていないかどうか、再検討の時期に来ていると思います。

　今回私が〈話体版〉のスタイルを採ったのは、「文章の極意の一つは、難しい話題をわかり易く書くこと」(1)という、詩人大岡信氏の言葉に共鳴するところが多いからですが、また同時に、金文学という専門性の高い話題を、専門外の方々にもできるだけ分かって頂きたいという、私自身の年来の願望によるものでもあります。それで、金文や文献資料の引用の際には、書き下し文だけでなく口語訳を添えて理解して頂きやすいようにしました。従来の研究書や論文では、せいぜい書き下し文しか書かれず、論者がどう解釈しているかが不明なまま、読まなければならないことも多かったため、最後まで読み切れないか、読後もなお疑問の残ることも多かったと思います。こうした不明瞭なことは、読者を排除する原因になっているのではないかと思います。

また、口語訳を試みたことについても、少し意見を述べておきたいと思います。漢文の書き下し文というのは、日本の古文の形態をとりますので、一種の日本語と言うことも出来ますが、この時期の文献資料は難解なものが多いため、書き下し文を読んだだけでは、意味が摑みきれないというのが、偽らざるところではないかと思います。また定本のような書き下し文が存在するわけでもなく、定まった解釈が通行しているわけでもありません。むしろ今なお研究途上にある文章たちであるというべきでしょう。そうした文章を引用する際に口語訳を試みるのは、何よりも論者自身の理解を深めるという余得があるというのが、私自身の実感からくる持論ですが、そのことが結局は読者の理解を容易にするのではないかと思っています。

なお、金文の書き下し文や口語訳を試みる上では、恩師白川静博士の『金文通釈』(白鶴美術館)

に最も多くを負っていますが、私の解釈と異なるところもあるため、かなり変えているところがあることをお断りしておきます。

第一章　問題点の提起

一　西周中期をめぐる史観（一）伊藤道治説

西周王朝の中期頃に相当する昭王から穆王にかけての時代がもつ独特の歴史的位相について[1]、これから私自身の考え方を述べようと思います。私見をいきなりお話しする前に、現在ほぼ定着しているのではないかと思われる大局観について簡単に触れておくことにします。

西周王朝は、殷代末期に天命を受けた文王の子の武王が殷王朝を武力で滅ぼした後、武王の子の成王が殷の残存勢力を一掃して天下一統を成就したが、領土の拡張はさらに進められて、〈昭穆期〉に至ってもなお東南方面への進出が継続された。そしてその後、穆王の次の共王期頃から、西周王朝の勢力が陝西附近に限られるようになる[2]。以上のような見方が現在ほぼ共通の認識として定着しているのではないかと思います。ただもう少し厳密に言いますと、「冊命形式金文」と呼ばれる金文資料が現われる共王期頃の解釈に関しては、有力な論者の間でも必ずしも一致した見解に達しているわけではないのです。例えば伊藤道治氏は、共王期以降を「王権の衰退」と見る解釈をとっていますし、白川静氏は、「周王朝の体制が安定した秩序をもつに至った」〔『詩経研究通論篇』五六〇頁〕(3)として、『詩』の諸篇の成立もこの頃以降という考えをとり、この頃を西周王朝の貴族文化が最も繁栄した時代であるとしています。それぞれの史観の下に議論を展開しているこの二人の先学の対照的な考え方に検討を加えながら、問題点を提示してみたいと思います。

〔周王朝系譜〕

古公亶父《たんぽ》―季歴―文王―武王―成王―康王―昭王―

―穆《ぼく》王―共王―懿《い》王―孝王―夷王―厲《れい》王―

―(共和)―宣王―幽王―平王

最初に伊藤道治氏の意見から見ることにします。伊藤氏はこれまでこの〈昭穆期〉に関しては、一般書も数えると幾度か言及しています。そのそれぞれの見解を虚心に注意深く読んでみますと、氏自身はあまり気付いておられないようですが、一見叙述の微妙な差異に過ぎないように見えながら実際には重要で小さくない揺れを見せています。該当する箇所を一通り引用してみましょう。

①西周時代の前期・中期〔昭穆期〕にかけて、周の勢力は殷を倒してさらに東・南方に発展し、……〔『中国古代王朝の形成』所収「西周史の研究」一三九頁〕[4]

②しかし西周中期〔昭穆期〕になると、西周の東方・南方への進出はやみ、……〔同　二八五頁〕

③西周の勢力は穆王のころまで東南へ進出をつづけたが、そのころからなにかの理由で、進出がとまり、……〔『原始から春秋戦国』「周王朝の没落」二〇五頁〕[5]

④昭王・穆王の時代になって進出が停止するとともに……〔「盠彝《れいい》銘考」〕[6]

氏は、①③では穆王のころまで進出を続けたとしながら、②④では昭穆期になって進出が停止したとして、明らかに矛盾した見解を示しています。①と②が同一の著書の中での発言であることを思いますと、この〈昭穆期〉が一筋縄ではいかないものを含む時期であることを少しでも感じていただけるのではないかと思います。特に③で「なにかの理由で、進出がとまり」としているのは意味深長ですが、氏はその理由について一度も踏み込んだ意見を述べたことはありません。この問題は後ほど改めて私の意見を述べたいと考えています。

二　西周中期をめぐる史観（二）白川静説

白川静氏の場合はどうでしょうか？　白川氏は、「周王朝の体制が安定した秩序をもつに至った」と見做す根拠を、先ほど触れました「冊命形式金文」の出現した点に求め、かつ『詩』の大雅、小雅や周頌の諸篇の成立もその頃以降と考えて、〈昭穆期〉に成立した葊《ほう》京辟雍《けいへきよう》における儀礼を土台にした礼楽文化が、この後期（共王期以降）以降にある程度の体系をもつに至った、という見解を名著『詩経研究通論篇』（朋友書店）などに展開しています。[7]ただ余計なことを申すようですが、その後長安の普渡村の長由墓から穆王期のものと見られる三件一組の編鐘が出土すると、[8]氏はこの編鐘を音階楽器と考えて、〈昭穆期〉を「礼楽極盛の時代」（『金文通釈』「西周史略」）と解釈するにいたりますが、[9]氏らしからぬいささか短絡的な変更だと言わざるを得ません。三件一組の編鐘は殷代にすでに存在したものですし、音階論的に見ても音階楽器などではありません。前述しました『詩経研究通論篇』では、次のような捨てるには惜しい注目すべき解釈が示されていましたので、次に掲げておきたいと思います。

金奏に用いる鐘磬の類は、本来リズム楽器ではなく、おそらく古くはただ楽を節し、あるいは会合、散会を報ずるためのものであったと思われ、のちには編鐘・編磬などが作られて楽律を奏しうるに至ったとしても、声詩とあわせ奏しうる性質のものではない。

〔四三九頁〕

鍾（鐘）も磬もリズム楽器ですらなかったという見解は、恐らく考古学的に見ても音楽的に見ても妥当な説だと思います。と言いますのも、より大規模な編鐘の出現は[10]、早くとも西周時代の中期後半から後期に入る頃から〔後で触れる貝塚分期によるものではなく、中国の学者をはじめ今最も多くの学者がとっている分期によります。〕と考えられるからです。編鐘の出現を根拠として礼楽極盛というべき時期があったと見做すことができるとすれば、それはむしろこの後期をこそその時期と見做すべきでしょうが、私はこの解釈にも慎重でありたいと考えています。なぜなら、『史記』などを見てもお分かりのように、西周後期は明らかに王権が衰弱化して豪族の勢力が大きくなっているからです。その点では誰も異論を称える余地がありません。

それでは伊藤氏の説である、共王期以降を「王権の衰退」と見る解釈が妥当だということになるのでしょうか？　いやことはそう簡単には解決しません。と言いますのも、そう考えますと、この時期に「冊命形式金文」が出現した意味や、『詩』の諸篇の成立した背景、また礼楽文化が盛んになっていった理由等が分からなくなってしまうからです。
ここで問題点を整理してみましょう。

Ⅰ　〈昭穆期〉には東南方面への進出が継続されていたのか？
Ⅱ　「冊命形式金文」の出現は何を意味するか？
Ⅲ　王権は共王期頃から衰退していったのか？
Ⅳ　『詩』の大雅、小雅、周頌諸篇の成立時期はおおよそどの時期と考えるのが妥当か？
Ⅴ　礼楽文化が整ってくるのはいつ頃からか？

これらの問題点について先ほどとりあげた両大家はそれぞれの見解をもっていますが、また全く言及していない問題もあります。伊藤氏などの場合、Ⅳ、Ⅴについてはほとんど発言がありませんし、Ⅱについても余りかんばしい意見を述べていません。白川氏は五点のいずれにも一定の見解を示していて、現在のところ最も総合的な学説と言っていいと思いますが、Ⅲに関する限り大きな矛盾を抱えていて再検討の余地があります。これらの問題点を総合的に満足させる解釈を提示することが学問的に目指す道だと言っていいでしょう。

甲骨文や金文の研究は、樋口隆康氏も言われるように、元来学際的な学問です[11]。とかく誤解されやすいように文字学は、『説文解字』のような文字学の書物だけを基にして研究を進めるといった性格のものではありません。言語学、歴史学は言うまでもなく考古学や民族学、文化人類学、宗教学、政治学、国家論、共同体論、古代歌謡論等々といった周辺科学のその時々の優れた成果を常に視野に入れながら、先学の説の是非を検討するという途轍もなく大きなエネルギーを必要とします。そのくせそのような作業に費やした労力は表面的には現われないため、報いられることの少ない学問ではありますが。いずれにせよ、論理的な矛盾に気付いた時には発想の転換をする必要があります。特に重要なのは解釈の底に横たわっている常識的な判断の見直しです。言い換えれば立論の前提の再検討ということになるでしょう。これから私が述べようとする意見も、先学の見解の底に横たわっている論理的前提に関わる事柄が多いのは避けられません。こうした問題は、実証主義的に論証するという方法だけで攻めていくことができる問題ではないわけで、どうしても先学に対する批判というスタイルをとらざるを得ないのです。大変つらいことですが、私自身の尊敬する恩師に対しても批判の矢を向けなくてはなりません。そうした時いつも思い出しては勇気づけられるのは、本居宣長の『玉勝間』に入っている「師の説になづまざる事」という文章です。高校の教科書などにもよく載っている文章ですのでご存知の方も多いと思いますが、その一節を引用させていただきます。

おのれ古典をとくに、師の説とたがへること多く、師の説のわろき事あるをば、わきまへいふこともおほかるを、いとあるまじきことゝ思ふ人おほかめれど、これすなはちわが師の心にて、つねにをしへられしは、後によき考への出来たらんには、かならずしも師の説にたがふとて、なはばかりそとなむ、教へられし。こはいとたふときをしへにて、わが師の、よにすぐれ給へる一つ也。〔『玉勝間』〕

第二章　昭穆期の政治情況

一　「命」字形の出現

以前別の機会に「令」という文字についての私の考えを述べました際に、(1)「令」という文字に「口」の形が加わった「命」という文字が、西周時代の穆王期にはじめて出現するということを言いました。そしてまた「命」という文字の出現と呼応する形で、「冊令《さくれい》」という語が、その次の共王期頃から出現する点にも注意していただきたいということを言いました。すでに目を通しておられる方には重複するので恐縮なことですが、ここでもう一度その点に触れておきたいと思います。

いま申しました「冊令《さくれい》」という語の「冊」は命令を記した文書すなわち策書《さくしょ》のことです。そうして「冊令」と熟した場合には、策書《さくしょ》を以て発令するの意味になります。ごく素直に考えて、共王期頃から命令を文書を以て発するということがはじまったという考えに導かれますが、先学でこのような考え方をとられた方はありません。それは後にも触れますように、「命」も「令」

も同じ意味に捉えられてきたという歴史があったからです。またそのような歴史を辿らざるを得なかったのは、「命」という文字の「口」の形を、人の口そのものと考えてきたことに原因があるだろうと思います。しかしこの「口」の形は人の口ではなく、白川静氏のとなえられたように「祝告器《しゅっこくき》」あるいは「載書器《さいしょき》」と見る考え方が、私はいいと思います。氏の言われる「祝告器《しゅっこくき》」「載書器《さいしょき》」という語は耳慣れない言い方でしょうから、何のことかさっぱり分からないというのが極めて自然な反応だと思いますが、これは発見者白川静氏ご自身の造語で、我々の比較的耳慣れた言い方に翻訳しますと「ノリトを入れる器」に当ります。それならなぜそういう分かりやすい言葉を使わないのか、ということになるでしょうが、白川氏が『甲骨金文学《こうこつきんぶんがく》論叢《ろんそう》』という大変な労作に収められた「釈史」という論文の中で、「口」の形の意味を論証する過程から出てきた語であると、とりあえずは申しておきます。こうした類いの造語を白川氏はしばしば用いられますので、初学者にはとても馴染みにくい気持ちが生じるのは私も経験上よく分かります。しかし白川氏の仕事はそうした馴染みにくさを克服してでも、読み抜くだけの価値のあるものだということは、強調しておきたいと思います。ただ、「ノリト」という語は、賀茂真淵・本居宣長の昔から折口信夫・白石光邦等の現代にいたるまで様々に議論されてきた語ですから、これを自明の語のように使って済ますというわけには参りません。「ノリト」を古来そうされて来たように、「祝詞」と記しておいていいかどうか自体が問題なのです。いずれあらためて私見を述べたいと思いますが、(2)「ノリト」という語は国家の形成過程と密接に関係しているということだけをここでは申し上げておきます。話しの筋を元に戻しましょう。

今し方お話ししましたように、「令」「命」の二字がもともと一字であると見做され等しく扱われて来たところから、「命」という字がいつ出現したかということにも概して無関心に近く、これまでほとんど言及する者もありませんでした。私の見る限りでは、白川静氏の『金文通釈』に見える次のような指摘が唯一の例ではないかと思います。次に引用しておきます。

命字に𠙵を加え、内史が冊命に当ることも、この期〔共懿期のこと——高島〕以後に多い。
〔『白鶴美術館志』第二十輯「金文通釈」二〇　四〇三頁〕

白川氏が「共懿期」とするにはそれなりの意味が含まれていると私などは考えます。時期区分の問題はまたあらためて後ほどとりあげますので、ここでは氏のとっている時期区分に則して話しを進めていくことを予めおことわりしておきますが、そうした上で申しますと、白川氏は、貝塚氏の分期でいう中期に相当する「昭穆期」の後を承けた後期から、この「命」という字が多くなる、という意味で言っておられるのです。しかし、『金文通釈』を綿密に読み込んでいる読者ならお気付きではないかと思いますが、この指摘は『金文通釈』の著者としてはあまり厳密な議論とは言えません。と言いますのは、「命」の初出例として以前にも挙げておきました《䁹《がい》毀《き》》《君《くん》父《ぷ》毀《き》》《競卣《ゆう》》等の青銅器の時期を、『金文通釈』では、それぞれ昭王前後、穆王期、昭穆期としておられるからです。つまり同じ著書の中での発言であるにもかかわらず、いささかの食い違いが見られるわけです。また《䁹《がい》毀《き》》は後に懿《い》孝《こう》期と改められますが、この変更は果たしてどうでしょうか？　私自身がこれらの青銅器の時期をどう見ているかも申し上げねばなりませんが、私はこれらをいずれも穆王期のものと考えています。

この件は後に改めて話題にすることにしまして、(3)ひょっとすると白川氏のここでの発言は、私がとりあげるような意味での厳密な議論ではなかったかも知れません。用例のおおよその傾向を、ご自身の記憶にもとづいて言っておいたということに過ぎなかったかも知れません。勿論それでもいいのですが、仮にそうであったとしても、共懿《い》期というからには何らかの根拠があって出てきた発言であることには違いないのではないでしょうか。私がここでこのことを話題にしている理由は、白川氏の揚げ足を取るところにあるのではありません。むしろその発言の根拠となっている事柄に触れたいからです。白川氏がここで「共懿《い》期以後」と言われるのは、おそらく貝塚分期の後期以後の意味だと思います。私が話題にしようと考えていますのはそのことであります。つまり貝塚分期にいう後期つまり共王期以後をどう捉らえるかという問題にかかわってくるのです。白川氏は、貝塚分期後期から「命」なる文字が多くなる、というイメージをもっておられたと考えていいと思いますが、そうだとしますと非常に重要な意味をもってきます。冒頭に申し上げました「冊命形式金文」の出現した共王期頃の問題とかかわらせる意味で(4)、白川氏の考えをもう少し見ておきたいと思います。

二　周的政治秩序をめぐって

「冊命形式金文」が出現した意味を、白川氏は『金文通釈』の「西周史略」の中で次のように述べておられます。

共懿《い》期は廷礼冊命形式の金文が成立したときで、むしろ周的政治秩序の完成した時期と考えられる。〔四頁〕(5)

またこの「冊命形式金文」の定型化の意味を「周王朝の政治的秩序」の現われと捉らえて次

のようにも述べておられます。

周王朝の政治的秩序は成康の経営についで昭穆の外征が行なわれ、周的な社会形成が一応の安定に達した段階において成立する。殊に葊京《ほうけい》儀礼において周の礼楽文化が形成されるその過程に、政治的秩序もそのような王朝的儀礼のなかで整序され、それはやがて金文における廷礼冊命形式金文の定型化としてあらわれる。〔八一頁〕(6)

白川氏御自身はそれと意識しておられないようですが、「命」なる文字の出現時期を「共懿《い》期以後」すなわち後期以後と見るイメージをもち、「冊命形式金文」の成立を「共懿《い》期」とする考えを述べておられることから考えますと、白川氏御自身も、「命」なる文字を「冊令（命）」とする意識をどこかでもっておられたのではないかと思います。それではなぜそのように意識化されなかったのか？　結局問題はそこに行き着くことになるでしょう。私見を簡単に申しておきますと、そこに「令」を「命」と同等に見る考え方がどうしても抜きがたくあったのではないかと思います。問題が少し込み入ってきましたので、白川氏の史観における問題点を整理しましょう。

①「廷礼冊命形式金文」の出現に見られる「周的政治秩序」が、周的な社会形成が一応の安定に達した段階に成立すると見ている。

②その安定が「成康の経営」および「昭穆の外征」によってもたらされたものだという認識に支えられている。

③そのような意味での周的政治秩序が、昭穆期に形成される周の礼楽文化の整序される過程から生まれてきたと考えられている。なお、周の礼楽文化は辟雍《へきよう》儀礼に代表されるという認識がある。

①の「周的政治秩序」や「周王朝の政治的秩序」という語は、かなりムード的な語で警戒を要します。私なりに白川氏の著書を読み込んできた解釈で言い換えますと、官僚制の成立ということになります。「政治」といい「秩序」といい、それぞれに独立させますと、語の抽象的な意味は一応表しているので、ざっと目を通す程度の読み方をしている時は、なんとなくムードで分かったような気になりますが、「周的政治秩序」としてさらに厳密に考えはじめますと、何を意味しているのか実に曖昧で困惑する表現なのではないでしょうか?

②③も窮極的には第一点が前提になっていることは、格別説明の必要がないと思いますが、何よりも重要なことは、この第一点がどうも一般的常識的な発想にもとづいて判断されている

ように思われてなりません。別の言い方をしますと、官僚制というものは政治的安定期に成立するという前提が根底に横たわっているように思われてならないのです。国家論の観点から言いますと、これははなはだ疑わしい考え方です。特に古代国家の成立過程を考える場合には、むしろ逆の結論になるはずで、少々安直な論理であると言わざるをえません。このような前提は白川氏だけに見られるものではなく、我が国における甲骨金文学の先駆者である貝塚茂樹氏の啓蒙的な著書である『中国古代史学の発展』の中にすでに見られ、(7)それがずっと受け継がれてきたものであったことを、指摘しておく必要性を痛感します。なかなか結論に至りませんので読者には申し訳ないと思っているのですが、もう少し辛抱強くつき合って頂ければ有り難いと思います。貝塚氏のこの著書の影響はまだまだ抜きがたくあるので、避けて通ることができないのです。

三　中央集権的傾向の増大をめぐって

貝塚氏は、いま申し上げました著書『中国古代史学の発展』(以下、『発展』と略称します。)の中で、氏独自の分期について語ります。今、氏独自のと申しましたが我が国の金文の研究者はほとんど例外なくこの分期を採用していますので、すでに貝塚氏一人のものではありませんが、後世代として原点に還っておく必要を感じますので、敢えて貝塚分期と呼んでおきます。さてその中で貝塚氏は、「官職車服冊命形式金文」(「廷礼冊命形式金文」「冊命形式金文」)の現われる共王期からを後期として、それを「周王朝の中央集権的傾向の増大、確立を表わすもの」〔一四四頁〕としています。「官職車服冊命形式金文」を官職に任命する際に発せられた文章と見ることに異議はありませんが、それを直ちに「中央集権的傾向の増大、確立」に結びつけるのはいささか短絡的です。一般的常識的な判断がその根底に横たわっている、と私などは見ますが、こうした考えを再検討する場合に参考になるのは、近年著しい進展を見せている我が国の古代史研究が次第に明確にしてきた、七世紀後半における律令国家成立前後の政治情況の理解の仕方です。

西暦六六三年の白村江での戦いに大敗を喫した後特に、対外的な危機の様相を深めた飛鳥王朝は、筑紫に城を築いて強力な防衛体勢を取り(六六五)、さらに近江に遷都します(六六七)。その四年後(六七二)に天智が亡くなった後は、王位を争う壬申の乱が勃発して(六七二)分裂にまで発展しかねないところまで行きますが、天智の弟天武が勝利を収めることで一応の決着がつきます。しかしまたそれも束の間のことで、その十四年後(六八六)には天武がなくなり、再び王位継承争いが起こりそうな状態となります。この時即位したのが女帝の持統であったのは、分裂を回避する賢明な方法であったと私などは考えます。しかし持統天皇の即位と同時に天皇の政治的実権も大きく後退するという重要な局面を迎えます。日本の天皇制と律令国家はこのような時に成立したのです。この天皇制と律令国家の成立によって、列島に安定がもたらされたのかどうか、その後の歴史を見れば誰にでも分かることだと思います。六九四年の藤原遷都、七〇一年の大宝律令の完成、七一〇年の平城遷都と、表面的には国家として次第に安定を深めていったと見られるような動向ですが、その内実は、周知のごとくなお権力をめぐる対立抗争が絶えなかったわけで、律令国家はむしろ最も不安定な時期に成立したと言っても過言ではありません。以前より、律令国家の時代を安定期と見る向きは少なくありませんでした。と言うよりも、多数派を形成していたというのが実情であったかも知れません。しかし事実としての歴史は、律令的な官僚制の成立という言葉からくる何となく安定したイメージとは正反対のものだったわけです。今申し上げたようなことは、国家論の観点からすれば至極自然に導き出されることですが、今ここでは深入りしないことにしておきます。

それでは本論の話題であるところの、西周時代の「冊命形式金文」が現われる共王期以降をどう捉らえるべきかという問題になりますが、この時期の西周王朝もまた、今申し上げた我が国の律令国家成立前後と同じような歴史的情況、つまり対外的な危機の中で王朝もまた分裂しかねない情況にあったというのが、私がこれからお話し申し上げようと考えていることであるわけです。このことに今まで誰も気付かなかったというのは、ちょっと意外なことですが、人間のものの見方というのは、本人が意識するといなとにかかわらず、必ず何らかの前提にもとづいているわけで、その前提を疑わない限り別の見方をとることはできません。

こう見ますといわゆる「昭穆の外征」という問題にももう少し慎重に臨む必要があります。と言いますよりも、「南征」という語の表層に引きずられて単純に外征とのみ考えて来たのがこれまでの研究ですが、それは一種のナショナリズム的な解釈でありまして、昭穆期の銘文の中には、一方では「戍」という表現に見られますような、防衛の用例も同時に現われていたことを思い起しておく必要があるわけです(8)。戦争論の古典と言ってもいいクラウゼヴィッツの『戦争論』をお読みになれば分かりますように、戦争という現象は〈攻撃〉の面と〈防御〉の面との両側面から検討しなければなりません。このことは、我が国の律令国家の時代を常に対外的な視野の中で見るという姿勢が、現在では当たり前になっていることからも直ちに了解できることだと思います。国家の形成過程を考える場合には、一国内での問題だけで片付くことは極めて稀ですので、必ずその時々の対外関係、直接には外敵の動向を念頭においておく必要があるわけです。

王朝の儀礼の問題も王朝の形成過程に密接にからんできます。おそらく王朝の形成過程が王朝儀礼の形成過程であろうという点については異論はないのですが、儀礼の最も盛んな時期が王権の最も盛んな時期であったかどうかは速断を控えたいところです。

第三章　「王道衰微」の意味

一　「周本紀」の記す昭穆期の様相

〈昭穆期〉の歴史を知る上で、何をおいてもまず司馬遷の『史記』を見ておかなければなりません。『史記』はよくご存知のように、司馬遷が、男子にとって最も屈辱的な刑である宮刑を受けた後も、屈せずに執筆を続けて完成した歴史書です。小説家で評論家、また中国文学の研究者でもあった高橋和巳氏の好きな言葉を使えば「発憤の書」であります。その宮刑を受けるにいたった経緯を、中島敦が「李陵」という優れた歴史小説で見事に描き出していますので、読まれた方も多いと思います。その「李陵」にも描かれていますように、この歴史書は父親の談から編纂の仕事がはじまった大きな事業で、その完成は父の遺命でもありました。『史記』では「太史公自序」にそのことが記されているのですが、父親談の遺言の冒頭に「余が先は周室の太史なり」と述べられています。口語に直しますと、「我が祖先は周王朝の歴史編纂所の長官である」というほどの意味です。歴史編纂所というのは今風の言い方ですから、ぴったりする言い方ではありません。当時の歴史官は天文官をも兼ねていましたので、天文学者と占星術師をも兼ねていた時代です。司馬遷の『史記』のテーマが人間の運命を描き出しているのもこの天文官の仕事と関係があるだろうと私は思っています。

それはともかくとしまして、司馬談の言葉どおりに周王朝の時代の司馬家が太史であったならば、『史記』の中の「周本紀」は資料的に最も豊富で信頼できる部分になっているはずです。しかし我々が現在見る形での「周本紀」はまことに貧弱きわまりないものであることはよく知られるとおりです。あるいはここでいわれている「周室」は、いわゆる東周時代のそれ、つまり西周時代の後、東方の洛陽の地に都を遷した後の春秋戦国時代の周室であったかも知れません。それなら「周本紀」の内容の貧しさも一応は首肯しうるところです。しかしそうだとしても、西周時代の史料は、後期を除いてはほとんどなきに等しい状態です。そういう点では「殷本紀」とほとんど違いがありません。そういう点を根拠にして、懐疑精神の旺盛な歴史学者の中には、「周本紀」などに記された西周期の記述の史実性そのものを否定する極論を吐く人も出てくるわけです。しかし、豊かな金文資料を前にしての議論ではなく、『史記』の記述の批判的な読み方から出てきた解釈ですので、いささか乱暴な議論だと言わざるをえません。西周史を研究する上で、同時代資料としての金文を無視することは到底できないことです。青銅器に彫られた文字である金文は、科学的な発掘の積み重ねによって考古学的にも近年ますますその信頼性を高めているわけですし、考古学的な研究は日増しに精密さを加えてきています。金文の史料性を疑うということは、我が国の古代史でいえば、藤原京や平城京その他から出土する木簡の史料性を疑うことに相当します。金文の研究は、共通した時期区分をまだもつに至っていない等の、解決すべき難題を今も抱えている状態ですが、いずれはそういう課題も解決できる方向に向かっていると私は見ています。そして、『史記』などの歴史書の記述とも照合しながら、遠からず西周史を再構成する日が来るであろうと思います。しかしそのためには、先学の仕事を盲信することなく、常に批判的な目で接する姿勢が必然的に要求されることになります。

『史記』の「周本紀」の記述は何度も申してきましたように、まことに貧弱な内容です。しかし、であるからといってその記事の全てを荒唐無稽なものとして片付けていいのかどうか、慎重な態度を要します。西周期には、春秋時代における魯の国の記録である『春秋』のような年代記がなかったのか、あるいは記録に依らず口頭伝承に基づいたものなのか、それともそのいずれでもないのか、疑問が次々に出てきます。白川静氏は「西周史略」の中で「周本紀」についても言及し、「詩や書あるいはその他の古伝承を拾綴して成るもの」〔一頁〕という解釈を示しておられます(1)。氏は文献を挙げながら簡単な対照を行なっておられます。いずれはそういうテキストクリティーク的な作業を綿密かつ徹底的に行なわねばなりませんが、しかし直接資料としての金文を重視するあまり、貝塚氏のように「周本紀」の内容を完全に無視してしまうのも、懐疑派の場合と同様にやや早計ではないかと思います。それで私は、西周史の再構成を試みるに当っては、まず金文資料を第一次資料として重視する一方で、「周本紀」の記述内容との比較対照にも心する必要があると考えるわけです。実際に「周本紀」の〈昭穆期〉に関する記述を見てみましょう。因みに申しておきますと、左の引用箇所は、白川氏の言及にはない箇所で、氏の説に引きつけて言うならば、最後の文が「尚書」の「冏命《けいめい》」篇に基づいている可能性があるということです。

康王卒、子昭王瑕立、昭王之時、王道微缺、昭王南巡狩不返、卒于江上、其卒不赴告、諱之也、立昭王子滿、是爲穆王、穆王卽位、春秋已五十矣、王道衰微、穆王閔文武之道缺、乃命伯臩申誡大僕國之政、作臩命、復寧（『史記』周本紀）(2)

（康王卒《しゅっ》し、子の昭王瑕《か》立つ。昭王の時、王道微《かす》かに缺《か》く。昭王南に巡狩して返らず、江上に卒《しゅっ》す。その卒を赴告《ふこく》せざるは、之を諱《い》むればなり。昭王の子滿《まん》を立てて、是《これ》を穆《ぼく》王と爲《な》す。穆王位に卽《つ》きしとき、春秋已《すで》に五十なり。王道衰微し、穆王　文武の道の缺《か》くるを閔《あわ》れみ、乃《すな》はち伯《はく》臩《けい》に命じて申《かさ》ねて大僕に國の政を誡《いま》しめ、臩命《けいめい》を作らしむ。復《ま》た寧《やす》んず。）

周王朝の歴代の王は文王から数えると、文王・武王・成王・康王・昭王・穆《ぼく》王・共王・懿《い》王・孝王・夷王・厲《れい》王・（共和）・宣王・幽王の順になります。(3) 天下一統の成王の次に即位した康王が亡くなった後、その子の昭王瑕が即位しますが、昭王の時には、〈王道〉が少し欠けていたと言っています。それで昭王は南方に遠征したまま返ることができず、王は江のほとりで亡くなってしまうのです。記述者は、王の亡くなったことを報告に来なかったのは、王の死を諱んだからであると説明しています。周王朝の歴史書の中に、王の死を報告に来なかったと書いているのですから、まるで他国の歴史書を読んでいるようでとても奇妙な気がします。『春秋』にはこの「其卒不赴告、諱之也」（其の卒するを赴告せざるは、之を諱むればなり。）という文がよく出て来ます。しかしそれらの文は、他国から魯国に「赴告せざる」ことをいうわけで、「周本紀」のような例はありません。こういうところにも「周本紀」というテキストを疑う理由があると言えるでしょうが、ここでは深入りしません。さてその後、昭王の子満を立てて、これを穆王とします。穆王が即位した時、王の年齢はすでに五十歳になっていました。王道も衰微していました。穆王は「文武の道」（文王・武王の道）が欠けているのを嘆いて、伯臩に命じて、王の大命を掌るところの大僕に、王道を恢復するための措置をとるよう何度も迫り、臩命を作らせたのです。そしてその結果「王道」を恢復して安定を得た、ということです。文体は『春秋』や『竹書紀年』などと同じような極度に切り詰めた文章で、歴史記録の文体そのものです。それだけに一語一語の含蓄が多いようですので、解釈にもそれだけの注意が必要です。

二　「王道」という概念

問題的に三点とりあげたいと思います。まず第一に挙げるべきことは、〈昭穆期〉に「王道」が衰えたと述べていることです。厳密に申しますと、昭王期に王道が「微」かに欠けていたのが、穆王即位の時にはそれが衰微していたとしています。また「王道」を「文武の道」とも言い換えています。そしておそらく大僕の提案によると思われる新しい措置によって、「王道」すなわち「文武の道」を恢復したというのがポイントになるでしょう。ところでここで考えなければならないのは「王道」の概念です。『史記』の他の用例や、別の文献にも当った上で、概念を把握したいと思います。

「王道」という語は、殷代の甲骨文や西周時代の金文にも見えない語ですので、かなり後世の語であると思われます。言い換えれば、「周本紀」の文章は、西周時代の文章でない可能性があるということです。少なくとも、どこかに後世の人の手が入っている可能性が高いと言っていいのではないかと思います。文献の上で「王道」の初出と考えられるのは『孟子』の「梁恵王上」です。次に引用します。(4)

不違農時、穀不可勝食也、數罟不入洿池、魚鼈不可勝食也、斧斤以時入山林、材木不可勝用也、穀與魚鼈、不可勝食、材木不可勝用、是使民養生喪死無憾也、養生喪死無憾、王道之始也

（農時に違《たが》はざらしむれば、穀《こく》勝《あ》げて食《くら》ふべからず。數罟《そくこ》洿池《をち》に入らざらしむれば、魚鼈《ぎょべつ》勝げて食ふべからず。斧斤《ふきん》時《とき》を以て山林に入らしむれば、材木勝《あ》げて用ふべからず。穀と魚鼈と勝げて用ふべからず、材木勝げて用ふべからざる、是《こ》れ民をして生を養ひ死を喪《おく》りて、憾《うら》み無からしむるなり。生を養ひ死を喪りて、憾み無からしむるは、王道の始めなり。）

孟子のいう「王道」とは、天下の民が慕い集まって来るほどに、民の生活と心にかなった適切な政治を行なう方法をいうようです。これをよく知られた後漢の趙岐の注には「王道は民心を得るを先にすれば、民心恨み無し。故に王道の始めと言ふ」(5)としています。農民を徴用する場合には農繁期を避けること。そうすれば穀物は食いきれないほどの収獲を得ることができます。数罟《そくこ》という目の細かい網などを使って、池の中の獲物を一網打尽にしないこと。そうすれ

ば魚やスッポンは食いきれないほど繁殖することができます。また山林の木を切る時には、よく時機を選んで行なうこと。そうすれば、材木は使いきれないほど豊かに育つことになります。このように食糧も材木も常に豊かに確保しておくならば、民も不満なく生を養い死者を手厚く葬ることができるでしょう。孟子はこれを王道の始まりだと言っているわけです。

孟子の「王道」概念は、諸侯に政治のあり方を説く際の中心概念で、より心理的、具体的に説かれる場合には、「人に忍びざるの心を以て、人に忍びざるの政を行なふことである」とも言われます。(6) 私流に言いますと「生活の上でも心の上でも民と一体になる気持ち」をもつことです。そのような気持ちで政治を行なえば、おのずから天下の民は慕い集まって来るはずだ、と孟子は説いているわけです。

「王道」概念を以上のように捉えたとしますと、さきほど引用しました「周本紀」の解釈はどうなるでしょう? 昭王の時には、王道が微かに欠けていたため、つまり民を戦争に駆り立てる上でやや強引な点があったため、南征の最中に江《こう》のほとりで水死してしまうということになります。少し想像を逞しくしますと、何者かに暗殺でもされたように読めなくもありません。また穆王の時には、王道が衰微したと言うだけで、その結果どうなったかを全く言わず、「文武の道」が欠けていたと言い換えているに過ぎません。記述者が孟子流に「王道」が衰微していたと見たのは、おそらく周王を頂点とする周王朝内の絆が極端に衰微していたことを見て、そのように表現したのではないかと思われます。別の言い方をしますと、周王朝の初期つまり文王武王の時期には極めて強固であった王朝内部の絆が、この時期にはすでに失われ、王朝そのものが分裂の危機に瀕していたということになります。もともと「王道微かに欠く」であるとか、「王道が衰微する」であるとかいう解釈は、後世の歴史家の眼を通して見た解釈です。つまり王および王朝の状態が、後世の者の眼から見てそう表現せざるを得ない状態であったことを言うものと考えていいのではないかと思います。

三 『史記』に見える「王道」

わずかな資料から重要な結論を簡単に出しているようにお思いになってもいけませんので、『史記』の中に見られる「王道」の用例をもう少し詳しく見ておきたいと思います。

①伊尹名阿衡、阿衡欲姦湯而無由、乃爲有莘氏媵臣、負鼎俎、以滋味説湯、致于王道（殷本紀）
②昭王之時、王道微缺、昭王南巡狩不返、卒于江上、其卒不赴告、諱之也（周本紀）
③穆王卽位、春秋已五十矣、王道衰微、穆王閔文武之道缺、乃命伯臩申誡太僕國之政、作臩命、

復寧〔周本紀〕

④秦王懷貪鄙之心、行自奮之智、不信功臣、不親士民、廢王道、立私權、禁文書而酷刑法、先詐力而後仁義、以暴虐爲天下始〔秦始皇本紀〕

⑤是以孔子明王道、于七十餘君、莫能用、故西觀周室、論史記舊聞、興于魯而次春秋、上記隱、下至哀之獲麟、約其辭文、去其繁重、以制義法、王道備人事浹〔十二諸侯年表〕

⑥禮節民心、樂和民聲、政以行之、刑以防之、禮樂刑政四達而不悖、則王道備矣〔樂書〕

⑦毋偏毋黨、王道蕩蕩、毋黨毋偏、王道平平、毋反毋側、王道正直〔宋微子世家〕

⑧臣聞之、圖王不王、其敝可以伯、然而不伯者、王道失也、故願大王之轉攻楚也〔越王句踐世家〕

⑨牛畜侍烈侯以仁義、約以王道、烈侯逌然〔趙世家〕

⑩禮樂自此可得而述、以備王道、成六藝〔孔子世家第十七〕

⑪鞅曰「吾說公以王道而未入也、請復見鞅」鞅復見孝公、孝公善之而未用也、罷而去〔商君列傳〕

⑫故曰、「王道約而易操」也、唯明主爲能行之〔李斯列傳〕

⑬書曰、「不偏不黨、王道蕩蕩、不黨不偏、王道便便」〔張釋之馮唐列傳〕

⑭挈三神之驩、缺王道之儀、羣臣恧焉〔司馬相如列傳〕

⑮傳曰、「天下和平、王道得、而著莖長丈、其叢生滿百莖」〔龜策列傳〕

⑯幽厲之後、王道缺、禮樂衰、孔子脩舊起廢、論詩書、作春秋、則學者至今則之〔太史公自序〕

⑰夫春秋、上明三王之道、下辨人事之紀、別嫌疑、明是非、定猶豫、善善惡惡、賢賢賤不肖、存亡國、繼絶世、補敝起廢、王道之大者也〔太史公自序〕

⑱維三代之禮、所損益各殊務、然要以近性情、通王道、故禮因人質爲之節文、略葉古今之變、作禮書第一〔太史公自序〕

⑲周室既衰、諸侯恣行、仲尼悼禮廢樂崩、追脩經術、以達王道、匡亂世反之于正、見其文辭、爲天下制儀法、垂六藝之統紀于後世〔太史公自序〕

右に引用しましたように、『史記』には「王道」という語が二十三回出てきます。そしてその大部分は、よく知られますように、「礼」「楽」「刑」「政」が十分に行なわれていれば「王道」が備る、といった類いの後世の儒教道徳的な「王道」を説く用例です。しかし今問題にしている「周本紀」の用例②・③のように、王朝の盛衰について述べた箇所で用いられている「王道」は、「太史公自序」の用例に見られる一例を除いては他に見当たりません。この「王道」が用いられている場面は、前にも引用しましたが、「余が先は周室の太史なり。上世より嘗《か》って功名を虞夏に顯《あら》はし、天官の事を典《つかさ》どる」として、父司馬談の遺命について述べるあの場面です。その結びのところでは、司馬談が、孔子の精神を引き合いに出しながら、史書を完成させる意義の重大さを、息子の司馬遷に熱っぽく説く感動的な場面にもなっています。さてこの「王道」

の使われかたを見てみましょう。

幽厲之後、王道缺、禮樂衰、孔子脩舊起廢、論詩書、作春秋、則學者至今則之〔太史公自序〕
（幽厲《いうれい》の後、王道缺《か》け、禮樂衰ふ。孔子舊《きう》を脩《をさ》めて廢したるを起こし、詩書を論じて、春秋を作る。則《すな》はち學者今に至るまで之に則《のつ》とる。）

「幽厲《いうれい》の後、王道缺け、禮樂衰ふ」という言い回しだけから判断しますと、これもまた儒教道徳的な「王道」を説く類型的な文の一例とも見えるかもしれません。しかし、「幽厲の後」の歴史的位相そのものをよく検討しますと、それが〈昭穆期〉の歴史的位相と極めて共通するものであることに気が付きます。

厲王の時、王の「暴虐侈傲」なる行ないに堪えかねた国人たちが、かたらって王を襲うにいたります。その時王は彘《てい》に出奔（亡命）して事なきを得ますが、王なき後の西周王朝は王位空白のまままいわゆる共和の時代に入ります。そして宣王の中興で一旦復興した後、次の幽王の時に滅んでしまいます。まことにあっけない幕切れです。厲王の時すでに王権は衰退していた、とする大方の見方は至極自然な解釈です。

さて記述の細部に目を向けましょう。『史記』の記述者は、「幽厲之時」とはせずに、「幽厲之後」

としています。また王即位の順序としては「厲王《れい》」→（共和）→「宣王」→「幽王」の順ですから「厲幽之後」とすべきところですが、しかし敢えて「幽厲之後」と記しています。これは「幽厲之後」に「王道」が欠如してしまったという歴史認識が、後世の共通の認識になっていて、その時代を「幽厲之後」というふうに熟語化して呼ぶ習慣があったのかもしれません。あるいはまた、現在の我々がその時代を春秋時代と呼ぶのと同じ意味で、「幽厲之後」と呼んでいた可能性もあると思います。事実、「太史公自序」をはじめ『史記』には次のような記述があって、「幽厲の後」が「春秋」と呼ばれる前の呼び名であったことを思わせます。

幽厲之後、周室衰微、諸侯専政、春秋有所不紀〔太史公自序〕
（幽厲の後、周室衰微し、諸侯政を専《もっぱ》らにす。春秋に紀せざる所有り。）
幽厲之後、周室微、陪臣執政、史不記時、君不告朔〔暦書〕
（幽厲の後、周室微にして、陪臣　政を執り、史　時を記さず、君　朔を告げず。）
及幽厲之後、諸侯力攻相併〔陳杞世家〕
（幽厲の後に及んで、諸侯力攻して相併《あ》はす。）

しかしもしもそうであるとしましたら、単に「幽王の後」とだけすればよいようにも思うのですが、そこを「幽厲の後」としているわけですから、「厲王の後」も同じような歴史的情況にあったという認識が記述者の脳裡にはあったものと思われます。そのように論理的につめておいた上で、この厲王と幽王との共通点を考えてみる必要があるわけです。ではその共通点とは何でしょうか？　それは〈王の戦死〉です。もちろん現代的な価値観で見ますと、厲王は死んだわけでなく亡命したに過ぎないのですが、皆さんよくご存知のように、古代社会においてはその人物が自分の属した共同体から追放されたり、亡命したりするということは、死を意味するわけで、厲王の場合も、その属していた共同体からすれば王は戦死したことになるわけです。こうしてみますと、「厲王の後」の歴史的位相も、「幽王の後」の場合も、孟子の説くような意味での抽象的な概念としての「王道」でもって解釈したのでは、かえって正鵠を射たものにはならなくなってしまいます。つまりここで私が申し上げたいのは、「幽厲の後、王道欠く」とは、王の亡命や戦死という現実的な事件による、王朝存亡の危機を表わした語句ではないかということなのです。そして「周本紀」の〈昭穆期〉に関する記述を見る場合にも、それは全く同じ意味で捉えることができるわけで、〈穆王期〉の「王道衰微す」とは、先代である昭王の戦死という現実的な事件によってもたらされたものだったのではないか、と考えるわけです。そして昭王の時の「王道微かに欠く」とは、そのような結果から導き出された後世の解釈なのではないかということなのです。

以上のように、『史記』の記述に拠れば、昭王の水死、厲王の亡命、幽王の戦死によって、それぞれ「王道」が衰微あるいは欠如して、王朝が存亡の危機に直面したということになります。ところで、「王道」が衰微するという言い方とは、少し違うのですが、共王の子の懿王の時にも、「王室遂に衰ふ」と記されています。このように見てきますと、「郁郁乎《いくいくこ》として文なるかな」(『論語』八佾篇)という言葉によって、我々が長い間抱いてきた、西周王朝の理想化されたイメージとは裏腹に、現実の西周王朝は、成王の天下一統の後もその滅亡に至るまで、浮き沈みを繰り返していた不安定なものであったということになります。しかし、我が国の甲骨・金文学における先駆者の示した西周史理解は、この「周本紀」の記述とは全く正反対のものであったわけです。前にも一度見ましたが、貝塚氏の『発展』は、貝塚分期のいわゆる後期(共王期以降)から現われる「官職車服冊命形式金文」を、「周王朝の中央集権的傾向の増大、確立を表わすもの」としていましたが、貝塚氏がそのように考えた共王から懿王にかけての時期を、「周本紀」では、「王室遂に衰ふ」と記しているのです。この認識のギャップをどのように埋めればよいのでしょうか？　豪族(部族)の連合国家とも言うべき古代国家の生成過程を考えます場合に、「官職車服冊命形式金文」という任命式の記録に相当する一群の銘文を、直ちに「中央集権の増大、確立」に結びつけるには少なからぬ飛躍があります。任命式を行なうことが、すなわち権力の集中であるというふうにお誂え向きの図式におさまらないのです。別の言い方をしますと、近世以降の中央集権国家を経験した後、法的な中央集権国家というレベルに到達した、近代国家の市民社会の中に棲息する人間の発想を、そのまま無意識に古代国家の分析に持ち込む結果になっています。滝村隆一氏の国家論に詳しく論ぜられていますように、古代国家の権力問題や共同体の結合の問題を考える場合には、近代国家を見る時と同じ目で見るわけにはいかないのです。(7)

西周史理解を「周本紀」の記述に忠実であろうとしますと、伊藤道治氏のように、共王期以降を「王権の衰退」と解釈するのがさしあたって考えられる一つの案ですが、前にも申しましたように、そう考えますと、「冊命形式金文」が出現した意味や、『詩』の諸篇の成立した背景、また礼楽文化が盛んになっていった理由等が分からなくなってしまいます。これらの問題については、これからの私のお話しの中で、より妥当と思われる解釈を提出させていただこうと考えているところです。

第四章　昭王の水死

一　昭王の水死を伝える文献

『史記』「周本紀」の〈王道〉概念を検討するうちに、〈昭王の水死〉の問題が密接に関わっていることがよく分かったわけですが、これがいわば二番目の問題であったわけです。それで今度は、この問題をさらに別の文献からも検討する意味で、比較的古い伝承を保存していると思われる『春秋左氏伝』（以下『左伝』と略称する）の記述を見てみることにします。そうしてその後、同時資料である金文を見る手順を踏むことにします。昭王が親征して返らなかった記事は、『左伝』の僖公四年の条にも見えます。

齊侯以諸侯之師侵蔡、蔡潰、遂伐楚、楚子使與師言曰、君處北海、寡人處南海、唯是風馬牛不相及也、不虞君之渉吾地也、何故、管仲對曰、昔召康公命我先君太公曰、五侯九伯、汝實征之、以俠輔周室、賜我先君履、東至于海、西至于河、南至于穆陵、北至于無棣、爾貢苞茅不入、王祭不供、無以縮酒、寡人是徵、昭王南征而不復、寡人是問、對曰、貢之不入、寡君之罪也、敢不供給、昭王之不復、君其問諸水濱(1)

（齊侯諸侯の師を以《ひき》ゐて蔡《さい》を侵《をか》す。蔡潰《つひ》ゆ。遂に楚を伐つ。楚子　師と言はしめて曰く、「君は北海に處《を》り、寡人《くわじん》は南海に處《を》る。唯《た》だ是れ風馬牛も相及ばざるなり。虞《はか》らざりき、君の吾が地に渉らんとは。何の故ぞ」と。管仲對へて曰く、「昔召康《せうかう》公　我が先君太公に命じて曰く、『五侯九伯は、汝實に之を征し以て周室を俠輔せよ』と。我が先君に履を賜《たま》ふ。東は海に至り、西は河に至り、南は穆陵《ぼくりよう》に至り、北は無棣《むてい》に至る。爾《なんぢ》の貢する苞茅《はうばう》の入らざれば、王の祭《まつり》供《そな》はらず。以て酒を縮する無し。寡人是れを徵す。昭王南征して復らず。寡人是れ問ふ」と。對へて曰く、「貢の入れざるは、寡君の罪なり。敢へて供給せざらんや。昭王の復らざるは、君其れ諸《これ》を水濱《すいひん》に問へ」と。）

僖公四年（ＢＣ六五六年）に、斉の桓公が蔡を潰滅した勢いを駆って更に楚に攻め入り、斉楚対決の様相を呈します。その時、斉の桓公の使者である管仲と楚子（成王）の使者との間に問答が交わされます。管仲は、〈管鮑《かんぽう》の交わり〉の語で有名ですので、ご存知の方も多いと思いますが、その管仲が、楚が貢納物である「苞茅」を納めなかったことを責問した後、「昭王南征して復らず。寡人是れ問ふ」と問うている場面です。楚の使者は、「貢の入れざるは、寡君の罪なり。敢へて供給せざらんや。昭王の復らざるは、君其れ諸を水浜に問へ」と恍《とぼ》けていますが、昭王の水死という出来事は、一般によく知られた事実であったことが推測できます。
昭王のことは、『竹書紀年』にも次のように記されています。

昭王末年、夜清、五色光貫紫微、其年、王南巡不反(2)
(昭王の末年、夜清む。五色光　紫微《しび》を貫く。其の年、王南巡して反《かへ》らず。)

ただ、昭王の水死を述べた伝承の中にはいかがわしいものもあって、それが水死を疑問視する一因をなしているかも知れません。例えば、『史記』の「正義」に引用される『帝王世紀』には、次のようないかにも作為的な話しが収められています。

昭王徳衰、南征、濟于漢、船人惡之、以膠船進王、王御船至中流、膠液船流、王及祭公倶沒于水中而崩、其右辛游靡長臂且多力、游振得王、周人諱之(3)
(昭王　徳衰ふ。南征して漢（水）を濟《わた》る。船人之を惡《にく》み、膠船《かうせん》を以て王に進む。王　船を御《ぎよ》して中流に至る。膠液《かうえき》船より流る。王と祭公と倶《とも》に水中に沒して崩ず。其の右辛游靡《いうしんいうび》　長臂《ちやうび》にして且つ多力。游《およ》ぎ振《ふる》ひて王を得たり。周人之《これ》を諱《い》む。)

この文は、次のようなことを言っているものです。昭王は徳が衰えていた。南方遠征の際、漢水という河を渡ろうとした時、船頭の怨みを買った。船頭は王にニカワでできた船をさしあげた。王が船に乗って流れの真ん中まで行った時、ニカワ液が船より流れ出し、王と祭公とは溺死した。王の右辛である游靡という男が、腕が長くて力が強かったので、泳いで行って王の遺体をかろうじて捉らえたのであった。周の人たちはこのことをタブーとした。

しかし、このようなフィクションめいた記事から、直ちに昭王の水死そのものを疑問視するのはいかにも極論だと思うのですが、伊藤道治氏は、『原始から春秋戦国』（前出）の第七章「周王朝の没落」の中で次のように記しておられます。

いうまでもなくこの死が事実であるかどうかは、大変疑問があるが、このような話が、『春秋左氏伝』その他の書物にも、いろいろ変形しながら伝えられているということは、この昭王期に、南方の住民の反撃がしだいに強くなり、周の勢力の南進が鈍化しはじめたという一般的な情勢を反映しているのではないかと考えられる。〔二〇六頁〕

二　昭王南征関係の銘文

伊藤氏の解釈の検討に入る前に、昭王の南征に関する金文資料を見てみたいと思います。

①鼒從王戍荊、孚、用乍餴毀《鼒《し》毀《き》》
（鼒《し》王に從ひて荊より戍り、俘《と》る。用て餴《ふん》毀《き》を作る。）

②過白從王、伐反荊、孚金、用乍宗室寶𨽎彝《過《か》伯《はく》毀《き》》
（過《くわ》伯　王に從ひて、反荊を伐つ。金を俘《と》る。用て宗室の寶《はう》𨽎《そん》彝《い》を作る。）

③𤞷馭從王南征、伐楚荊、又得、用乍父戊寶𨽎彝　呉字形圖象《𤞷《じ》毀《き》》
（𤞷《じ》馭《ぎょ》して、王の南征に從ふ。楚荊を伐ちて、得ること有り。用て父《ふ》戊《ぼ》の寶《はう》𨽎《そん》彝《い》を作る。　呉字形圖象）

④隹王南征、才□、王令生、辨事□公宗室、小子生易金・鬱鬯、用乍毀寶𨽎彝、用對揚王休、其萬年永寶、用卿出內事人《小子生尊》
（隹《これ》王南征して、□に在り。王　生に令して、辨《あまね》く□公の宗室を事《まつ》らしむ。小子生、金・鬱鬯《うつちやう》を賜ふ。用て毀《き》寶《はう》𨽎《そん》彝《い》を作り、用て王の休《たまもの》に對揚す。其れ萬年まで永く寶とし、用て出納の使人を饗せよ。）

①の文は、〓《し》が王に従って、荊からの攻撃に対する防衛戦に戦った。その時、俘獲〔何かは不明〕するものがあった。それで祭器を作った、と記すもの。

②の文は、過《か》伯が王に従って、背《そむ》く荊を討伐し、その地の名産である金〔銅のこと〕を獲得した。それで宗室の宝《ほう》〓《そん》彝《い》を作った、と記すもの。

③の文は、〓《じ》が馭者として、王の南征に従い、楚荊を伐って俘獲を得た。それで父《ふ》戊《ぼ》の宝〓彝を作った、と記すもの。

④の文は、王が南征して□という所に在った時に、王が（小子の）生に、公宗室での祭事をしっかり掌るように命じたが、その時、小子生は、金〔＝銅〕と鬱《うっ》鬯《ちょう》とを賜わった。それで小子生は、その銅で祭器を作って、王の賜与に応えたのである。この祭器を末長く宝とし、王の使者が来た時には、この祭器を用いて饗応せよ、と記すものです。

これらの銘文から、王の南征が「楚荊」を対象としたものであったことは極めて明らかで、「周本紀」や『左伝』の記述を裏付けるものであることが分かります。しかしそれと同時に、金文資料には昭王の水死を記すものがないため、疑おうと思えば疑えるのですが、昭王の水死に限らず、金文資料では王の死を記したものはありません。そのため王がいつどのようにして亡くなったということも金文資料からは分からないわけで、王の在位年数すら確定できないほどです。これは、銘文という資料独特の性格に由来するものであると言わざるを得ません。青銅器は、祭器の意味で彝器とも呼ばれますが、本来祖先を祭る一族の祭祀に用いられたものです。さきほど申しましたように「其の卒《しゅっ》するを赴告《ふこく》せざるは、之を諱《い》むればなり」という言葉が、「周本紀」の昭王の項ばかりか、『左伝』などには頻繁に出てきますが、王の死のような諱むべき出来事を銘文に刻するはずがないのです。そういう資料自体の性格をよく考えれば、金文資料から、昭王の水死を直接記したものが見つかるはずもなく、また逆に、王の水死しなかったことを金文資料だけから論証することも不可能なことであるわけです。

三　伊藤道治説

伊藤氏は、昭王の水死が「いうまでもなく……大変疑問である」と記しています。「いうまでもなく」ということは誰が見ても疑わしいので、わざわざ説明の必要はあるまい、という意味です。しかし実際には、さほど自明のことではありません。我々後学の者からすれば、むしろ、著者がそのように考えた根拠はどこにあるのだろうか？　という疑問を提出したい箇所なのです。これは学識の問題ではなく、あくまで論理の問題です。その意味で伊藤氏の言説にははなはだ対応に困るところなのですが、伊藤氏のお考えを、私なりの推測を交えて察しますならば、次のようなことになるのではないでしょうか。

古代世界における王は、多分にカリスマとしてのイメージを有しており、それだけに王の戦死という事態は極めて深刻で重大な事件であって、しばしば王朝そのものの存亡の危機を招くことになるのであるが、金文資料を見るかぎりでは、「南征」は次の〈穆王期〉にも引続き行なわれていた模様であるから、王の戦死を思わせる要素は存在しない。というような判断があったのではないかと私は推測します。

〈穆王期〉にも「南征」が継続されていたという認識は、貝塚氏にはじまる我が国の金文学ではほぼ共通のものになってしまっていますが、しかしこのような解釈は果たして適切なのでしょうか？　この問題は後に詳しく述べたいと思いますが、(4)ここで私見の一端を簡単に申し上げておきますと、戦役関係の金文資料に関する限りでは、〈昭王期〉と〈穆王期〉とでは、随分その内容が違っておりまして、〈昭王期〉では、なるほど「南征」を続けていたことはよく分かるのですが、〈穆王期〉ではむしろ「戍」の用例が多く、国境防備の緊張感に包まれていたと見るべきだと思われます。「穆王のころまで東南へ進出をつづけた」とは到底言えない状態であったと思います。

第五章　王命出納の官「太僕（大僕）」

「周本紀」の解釈でもう一点とりあげたい問題は、穆王が伯冏《はくけい》に命じて、太僕に「国之政」を改めさせたという、その内容です。しかしながら実を申しますと、「周本紀」に出てくる「太僕」という官名は、西周時代の銘文や史書の『春秋左氏伝』『国語』『戦国策』などには全く見えない、ずっと後の世の名称です。こうした事実がまた、「周本紀」というテキストを疑う理由の一つにもなるわけですが、「周本紀」の記述など信ずるに足りぬという態度はここでも採らずに、『史記』の記述者の意識にできるだけ寄り添う方向にもっていきたいと思います。以下、「太僕」を次の二つの視点から考察することにします。先ず、『史記』の中での「太僕」の他の用例を具体的に見ることによってその実態を知ること。もう一つは、「太僕」の文献上の初出例から「周本紀」の「太僕」の意味するところを吟味することです。

一　『史記』に見える「太僕」（一）夏侯嬰

先ず、『史記』の中での「太僕」の用例を見てみましょう。なお（　）内の数字は、各巻に出てくる回数です。

周本紀第四巻（1）　〔官名のみ〕（西周時代）
呂太后本紀第九巻（1）　汝陰侯滕公〔夏侯嬰〕（呂后期〜文帝期）
孝文本紀第一〇巻（2）　夏侯嬰（呂后期〜文帝期）・その他
平準書第三〇巻（1）　〔官名のみ〕
齊悼惠王世家第五二巻（1）　夏侯嬰（呂后期〜文帝期）
陳丞相世家第五六巻（1）　陳平（高祖期）
三王世家第六〇巻（2）　公孫賀（武帝期）
魏豹彭越列傳第九〇巻（2）　〔梁王（彭越）の太僕〕
樊酈滕灌列傳第九五巻（14）　夏侯嬰（高祖期〜呂后期）一三例・解福一例
萬石張叔列傳第一〇三巻（1）　石慶〔萬石君の末子〕

扁鵲倉公列傳第一〇五卷（1）　斉齋の太僕・饒（呂后期？）
魏其武安侯列傳第一〇七卷（1）　灌夫（武帝期）
韓長孺列傳第一〇八卷（1）　公孫賀（武帝期）
匈奴列傳第一一〇卷（1）　公孫賀（武帝期）
衞將軍驃騎列傳第一一一卷（7）　公孫賀（武帝期）

次にそれぞれの具體的な人物を時代別に整理してみます。

◎夏侯嬰（高祖期～文帝期）　17
陳平（高祖期）　1
解福（高祖期）　1
梁王〔彭越〕の太僕（高祖期）　2
斉の太僕・饒（呂后期？）　1
馬を見る官・太僕（文帝期）　1
◎公孫賀（武帝期）　11
石慶（景帝～武帝期）　1

灌夫（武帝期）　　1

このように整理してみますと、『史記』に出てくる「太僕」の人数はさほど多くはありません。中でも、◎印をつけた夏侯嬰《かこうえい》と公孫賀《こうそんが》の二人にほとんど集中していることは注目すべきことです。延べ人数三十六のうち、高祖期から文帝期に活躍した夏侯嬰が十七回、武帝期の公孫賀が十一回となっていて、この二人で八割近くを占めていることになります。司馬遷の意識の中での「太僕」のイメージは、漢初から司馬遷の時代つまり武帝期までを通じて、この二人に凝縮されていたと言っても過言ではないでしょう。

こうした事実には、恐らく中国の学者も気付いていて、『中国大百科全書　中国歴史』（中国大百科全書出版社　一九九二年）には、次のような記述が見えます。

秦漢時主管皇帝車輛・馬匹之官、後逐漸專管官府畜牧事務。皇帝出行、太僕總管車駕、親自爲皇帝御者。太僕因和皇帝關係密接而成爲親近之臣。漢初到文帝時、任該職者有高祖的親信夏侯嬰。太僕由于在諸卿中屬于顯要職務、常常可以升擢爲三公。西漢時劉舍、陳萬年皆由太僕升爲御史大夫、公孫賀由太僕升爲丞相。東漢時太僕多選素負聲望或有功的大臣充任、甚至有時由司空・尚書令轉任爲太僕、可見其名位之重。（二〇八二頁）

（秦漢時代には主に皇帝の車輛・馬匹を管理する官であったが、後には次第に官衙《かんが》の牧畜事務を専ら管理するようになった。皇帝が出かける際には、太僕が天子の馬車周り全般の管理を行ない、みずから皇帝の御者となった。太僕は、皇帝との関係が密接であったことから、親密な臣となったのである。漢初から文帝までの時代でこの職に任命された者に、高祖の側近であった夏侯嬰がいる。太僕は、諸卿の中でも権勢の大きな職務であったため、しばしば三公に抜擢されることがあった。前漢時代では劉舎・陳万年が、いずれも太僕であったために御史大夫にまで昇進したのであるし、公孫賀は太僕であったために丞相にまで昇進したのである。後漢時代では、太僕は、日頃から声望の高い者あるいは功績のあった大臣が就任することが多かったが、時には司空・尚書令が太僕に転任することさえあった。このことからその地位の重さがよく分かる。）

この「太僕」の項の記述者である呉栄曾氏が、さきほど掲げたような具体的な事実を十分に踏まえて書いていることがよく分ります。恐らく『史記』をよく読み込んでいるのでしょう。我が国にも、和田清編著の『支那官制発達史』〔中央大学出版部　一九四二年〕のような要領よくまとめた古典的な研究がありますので、参考のために引用しておきます。

太僕は皇帝の車馬及び牧畜を掌つた。王莽は太御といふ。太僕は召使の長の意で、元来は天子のお側付きのことであるが、後に宮中の馬を世話するやうになつた。秦から清まで馬の世話役であつた。後には天子の儀式の時に使ふ馬のみ掌るのであるが、漢代には皇帝の養馬多く、武帝は四十万の馬をもち、外征に使はれたといふ。後漢には属官に兵器を作る考工令、乗輿諸馬を掌る車府令、乗輿と廏中の馬を掌る未央廏令等があった。

〔五〇～五一頁〕

「太僕」が漢初からでなく秦代頃からの官であるという認識は、これまでの共通のものであるようですが、そのように考えられてきた具体的な根拠は、実は高祖劉邦の沛公時代からの「太僕」であった夏侯嬰の存在があったからだと思います。ここで少し具体的に見てみましょう。

夏侯嬰についてまとまった記述をしているのは、「樊噲滕灌列伝《はんかいとうかん》」です。この巻では、高祖の無名時代からの臣下である樊酈《はんれき》・酈商《れきしょう》・灌嬰《かんえい》とともに夏侯嬰が登場いたします。

汝陰侯夏侯嬰、沛人也、爲沛廏司御、每送使客還、過沛泗上亭、與高祖語、未嘗不移日也、嬰已而試補縣吏、與高祖相愛、高祖戲而傷嬰、人有告高祖、高祖時爲亭長、重坐傷人、告故不傷嬰、嬰證之、後獄覆、嬰坐高祖繫歲餘、掠笞數百、終以是脱高祖

高祖之初與徒屬欲攻沛也、嬰時以縣令史爲高祖使、上降沛一日、高祖爲沛公、賜嬰爵七大夫、以爲太僕(1)

(汝陰《じよいん》侯夏侯嬰は沛《はい》の人なり。沛の廏司御《きうしぎよ》と爲《な》る。使客を送りて還《かへ》る毎《ごと》に、沛の泗上亭《しじやうてい》に過《よぎ》り、高祖と語り、未だ嘗《かつ》て日を移さずんばあらず。嬰已《すで》にして試みられて縣吏に補せられ、高祖と相愛す。高祖戯《たはむ》れて嬰を傷つく。人の、高祖を告ぐる有り。高祖、時に亭長爲《た》り。傷人に重坐す。もとより嬰を傷つけずと告ぐ。嬰これを證せり。後に獄覆《くつが》へり。嬰、高祖に坐して繫《つな》がること歳餘、掠笞《りやうち》數百、終《つひ》に是を以て高祖を脱せしめたり。

高祖の初めて徒屬と沛を攻めんと欲するや、嬰、時に縣令史を以て高祖の使と爲る。上、沛を降すこと一日にして、高祖、沛公と爲る。嬰に爵七大夫を賜《たま》ひ、以て太僕と爲す。)

夏侯嬰は後に昇進して汝陰侯となりますが、もとは沛県の出身です。その沛県では廏司御つまり廏舎の世話係をやっておりました。「太僕」の職事が車馬のことを掌ることになったのは、後に「太僕」となったこの夏侯嬰がもと廏司御であったことと関係があるかも知れません。その夏侯嬰は使客を送った帰途に、泗上亭に立ち寄るのが常でしたが、それは高祖つまり劉邦と雑談をするためでした。劉邦とのお喋りは、時のたつのを忘れるほど楽しいものだったのです。夏侯嬰はやがて県の役人に仮採用されましたが、劉邦との親密なつきあいは続いていました。そしてその親密なあまりに、劉邦がふざけて夏侯嬰に怪我をさせるという出来事が起こり、そのことで劉邦を告発するものが出てきたのです。当時劉邦は亭長でありましたが、官吏が人を傷つけると罪が重かったのです。それで劉邦は、夏侯嬰を怪我させたことなどないと白を切り、夏侯嬰もその通りだと証言したのですが、二度目の裁判で判定が覆り、夏侯嬰は、劉邦との事件によって一年余りを獄中に過ごすことになりました。鞭打ち数百回。結局、劉邦はそれによって助けられたのです。

劉邦が初めて仲間と徒党を組んで沛を攻めようとした時、夏侯嬰はちょうど、県令史という官職にあったことから劉邦の使いともなりましたが、劉邦はわずか一日で沛を降伏させ、劉邦は沛公となりました。夏侯嬰は七大夫の爵を与えられて「太僕」となりました。

以下、引用が長くなりますので端折りますが、夏侯嬰の多くの華々しい戦功が記されていきます。夏侯嬰は、高祖が初めて旗揚げした時から常に「太僕」でした。高祖の死後もなお、恵帝・呂后に「太僕」として仕えたばかりか、文帝の即位に際しても与って力があり、またしても「太僕」となりました。このように見て参りますと、前漢時代前期の「太僕」と言うと、先ずこの夏侯嬰が連想されるほど大きな存在であったことはほぼ疑いありません。

二　『史記』に見える「太僕」（二）公孫賀

次に、司馬遷と同時代の「太僕」であった公孫賀についても見てみましょう。公孫賀は、さきほど掲げましたように、「三王世家」「韓長孺列伝」「匈奴列伝」「衛将軍驃騎列伝」に出てきますが、公孫賀の略歴の形で簡潔にまとめられた「衛将軍驃騎列伝」の該当箇所を見るのがもっとも効率的です。

將軍公孫賀、賀、義渠人、其先胡種、賀父渾邪、景帝時爲平曲侯、坐法失侯、賀、武帝爲太子時舍人、武帝立八歲、以太僕爲輕車將軍、軍馬邑、後四歲、以輕車將軍出雲中、後五歲、以騎將軍從大將軍有功、封爲南窌侯

後一歲、以左將軍再從大將軍出定襄、無功、後四歲、以坐酎金失侯、後八歲、以浮沮將軍出五原二千餘里、無功、後八歲、以太僕爲丞相、封葛繹侯、賀七爲將軍、出擊匈奴、無大功、而再侯、爲丞相(2)

（將軍公孫賀。賀、義渠《ぎきょ》の人なり、其の先は胡種なり。賀の父渾邪《こんや》、景帝の時平曲侯と爲《な》り、法に坐して侯を失ふ。賀、武帝の太子爲《た》りし時の舍人《しゃじん》なり。武帝立ちて八歲、太僕を以て輕車將軍と爲《な》り、

馬邑《ばいふ》に軍せり。後四歳、輕車將軍を以て雲中より出づ。後五歳にして騎將軍を以て大將軍に從ひ功有り、封ぜられて南窌《なんばう》侯と爲る。

後一歳、左將軍を以て再び大將軍に從ひて定襄《ていじやう》より出づ、功無し。後四歳、酎金《ちうきん》に坐するを以て侯を失へり。後八歳、浮沮《ふしよ》將軍を以て五原より出づること二千餘里、功無し。後八歳、太僕を以て丞相と爲り、葛繹《かつえき》侯に封ぜらる。賀は七たび將軍となって、出でて匈奴を擊ち、大功無し。而して再び侯とせられて、丞相と爲る。)

この文章は箇条書きに近い文章ですので、要点をまとめてみます。公孫賀は、武帝の太子時代からの臣下だったということですから、武帝とともに生きたと言っていい人です。その点では、高祖劉邦の無名時代からの臣下である夏侯嬰と共通するところがあります。武帝即位の八年に「太僕」となってからは、軽車将軍や騎将軍・左将軍・浮沮将軍を歴任した人ですが、将軍としては都合七度にわたる匈奴への出陣があったにもかかわらず、大きな戦功もないまま、ついに丞相にまで昇進したのは、ひとえに「太僕」であったからこそです。司馬遷と同時代の「太僕」と言えば、先ずこの公孫賀に指を屈することになるでしょう。

以上簡単に、漢代の武帝期までの代表的な「太僕」である、夏侯嬰・公孫賀二人の略歴をたどったわけですが、この二人に共通するのは、それぞれの主君である高祖・武帝の若い頃からの臣下であったという点です。恐らく、高祖・武帝が政策を判断する上で迷った時には、こっそり相談できる数少ない臣下の一人だったのではないかと思います。側近などというよりも、むしろ「腹心の部下」という言葉の方がふさわしい人たちだったのでしょう。王の命令を左右するほど重要な位置にあったこの「太僕」の独自性を、『史記』の記述者も恐らくよく知っていたに違いありません。

さて、以上の考察を少し整理しておきます。『史記』に見られる「太僕」という官職が、高祖劉邦の沛公時代頃に初めて現われたものであるらしいこと。そしてその地位の高さは、劉邦の勢力の伸張とともに相対的にも高くなっていき、劉邦が皇帝の地位に即くとともに、「太僕」もまた最も重要な位置を占めるに至るわけです。言い換えれば、君主劉邦の「腹心の部下」が君主の地位の伸張とともに、最高の地位にまで上り詰める、ということになります。そういう意味で、「太僕」は、他の官職とは異なる独自の性格をもった、しかも長老的な隠然とした力をもっていた官職だったのではないかと思います。しかし、こうした事情に通じているはずの司馬遷が、秦代末期まで見えなかった「太僕」の名を、なぜ「周本紀」の西周時代穆王期に登場させているのか？　そういう疑問が改めて頭を擡げてきます。

三　『周礼』に見える「太僕」

これから「太僕」の初出例を見ながらその職事を検討するわけですが、それに先立って申し上げたいことがあります。それは、古代王朝においては、官名とその職事とが必ずしも一致するものではないということです。西周時代の銘文を読んでいますと、しばしばそのような例に遭遇します。よく知られる例を挙げますと、西周時代後期の善夫(膳夫)克の諸器に見られる「膳夫」などは、「内史尹」と同じように王命の出納を掌っていました。[3]「膳夫」という官名からしますと、いかにも王朝の家政を掌っていたかのような名称ですが、実態としては違っているわけです。[4]もちろんこの官職ができた当初はそのような性格をもっていたのであろうと推測できますが、その後変化があったということでしょう。言い方を換えますと、西周王朝では官職と職事とが必ずしも固定的ではなかったということになります。これは何も西周王朝に限ったことではなくて、むしろ豪族の連合国家である古代王朝の属性とも言うべきことなのです。官名と職事とが一致しているというような無意識の前提は、おそらく近代国家を見る目で古代王朝を見ようとすることの現われだと思います。

「太僕」の初出例は、私の見る限りでは、『周礼《しゅらい》』巻三十一の〈夏官・司馬下〉に「大僕。掌正王之服位、出入王之大命。掌諸侯之復逆」（大僕。王の服位を正し、王の大命を出入することを掌る。諸侯の復逆を掌る。）と見える「大僕」の項です。他によく知られた例に『尚書』の〈周書〉にある偽古文「冏命《けいめい》」序がありますが、「穆王命伯冏爲周大僕正。作冏命」（穆王 伯冏に命じて周の大僕正と爲す。冏命を作る）という文は、むしろ「周本紀」の記述をもとにした表現になっていますので、これを初出例と考えることは適切ではないと思います。

しかし『周礼《しゅらい》』の信憑性ということになりますと、『漢書』巻五十三「景十三王伝」に記された発見の経緯からも明らかなように、[5] 漢の武帝時代つまり司馬遷と同時代に民間から発見された、はなはだ由来の疑わしいものです。内容的に考えても、西周時代の王朝の諸制度を忠実に記録したものとは到底思われません。むしろ後世の人が、西周王朝を理想化するために作り上げた理念の書と見る方が相応しい気がします。しかし、そのように現代の我々の目から見ればはなはだ疑わしい書物であったにもかかわらず、同時代人の司馬遷はむしろ、「周之官政未次序、于是周公作《周官》、官別其宜」[6]（周の官政未だ次序あらず、是に于て周公《周官》を作り、官は其の宜しきを別かてり。）〔魯周公世家〕というように、『周官』（『周礼』）が周公によって書かれたものだと考えて、その内容を信じていたことも明らかなのです。

さてこうなりますと、「周本紀」の記述の解釈も、この『周礼《しゅらい》』の内容を踏まえた上で行なう必要が出てきます。ここでもう一度冒頭で申し上げたことを振り返っておきましょう。今問題にしているのは、穆王が伯臩に命じて、太僕に「国之政」を改めさせたという、その内容です。『周礼』によりますと、「大僕」は、王と諸侯との間にあって、王の大命の出納を掌る重要な地位にあったのです。「大僕」の項の全文を見てみましょう。

大僕、掌正王之服位、出入王之大命、掌諸侯之復逆、王眡朝則前正位而退、入亦如之、建路鼓于大寝之門外、而掌其政、以待達窮者與遽令、聞鼓聲則速逆御僕與御庶子、祭祀・賓客・喪紀、正王之服位、詔灋儀、贊王牲事、王出入、則自左馭而前驅、凡軍旅田役、贊王鼓、救日月亦如之、大喪始崩、戒鼓傳達于四方、窆亦如之、縣喪首服之灋于宮門、掌三公孤卿之弔勞、王燕飲則相其灋、王射則贊弓矢、王眡燕朝則正位、掌擯相、王不眡朝則辭于三公及孤卿〔巻三十一夏官・司馬下〕

（大僕。王の服位を正し、王の大命を出入することを掌る。諸侯の復逆を掌る。王、朝《てう》を眡《み》れば則ち前《すす》んで位を正して退く。入るも亦之《かく》の如《ごと》くす。路鼓《ろこ》を大寝の門外に建てて、其の政を掌る。以て窮者《きうしや》を達すると遽令《きよれい》とを待つ。鼓聲を聞けば則ち速《すみや》かに御僕《ぎよぼく》と御庶子《ぎよしよし》とを逆《むか》ふ。祭祀・賓客・喪紀に、王の服位を正し、灋儀《はふぎ》を詔《つ》げ、王の牲事《せいじ》を贊《たす》く。王、出入すれば、則ち自ら左馭《さぎよ》して前《ぜん》驅《く》す。凡《およ》そ軍旅田役には、王の鼓するを贊《たす》く。日月を救うにも亦之の如くす。大喪に始めて崩ずるに、戒鼓《かいこ》して四方に傳達す。するにも亦之《かく》の如くす。喪の首服の灋《はふ》を宮門に縣《か》く。三公孤卿《こけい》の弔勞《てうらう》を掌る。王の燕飮《えんいん》には則ち其の灋《はふ》を相《たす》く。王、射れば則ち弓矢を贊《たす》く。王　燕朝《えんてう》を眂《み》れば則ち位を正し、擯相《ひんしやう》を掌る。王、朝《てう》を眂《み》ざれば則ち三公及び孤卿に辭す。）

〈大僕〉の第一の職務は、王の大命を出納することです。また諸侯からの奏上や下命の出納も掌っていました。王が朝廷に出御する時、また終了の後、王が入る場合の何れにも、常に王の最も身近にいて、その一挙手一投足にいたるまで輔佐役を務めるということです。祭祀・賓客・喪紀といった祭事に際しても同様です。王が朝廷外に出入りする場合には、自ら左馭として前駆したり、遠征や田役、日食月食の祭事には、王が鼓を打つのを輔佐したりします。王や妃などの大喪の際には、鼓を打って四方に伝達し、葬儀に際しても同様にします。喪の次第を宮門に掲示し、三公孤卿への労いも掌ります。王の燕飲礼・射礼に際しても輔佐役を務めます。

このように〈大僕〉は、群臣の中で、最も王の身近にあって輔佐役を務める位置にあった存在だと言ってよいと思います。王の一挙手一投足に及ぶまで輔佐役を務めるわけですから、祭事に関しては最も詳しい長老的な存在であったと想像されます。

この記述がどのような資料に基づいているのかがよく分かっていませんので、断定はできないのですが、少なくとも〈大僕〉の最も重要な職務が、王の大命の出納や、祭事における王の輔佐であった点が、この記述のポイントになっているのは明らかです。そしてそこに、『史記』の記述からみた「太僕」の実態が重ね合わせられますと、この記述にかなり近い内容が出来上がるようにも思います。逆の言い方をしますと、『周礼』の「大僕」に関する記述は、漢代における「大僕」の実態に、上記のポイントを重ね合わせた内容である、ということになります。そこに、『周礼』が踏まえたであろう何らかの資料の存在が、やはり考えられるのではないかと思うのです。無論それは現存する資料ではありませんので、もはや復原の可能性はないのですが、そのように考えざるを得ない要素を含んでいるのではないかという意味です。あるいは口頭伝承的な資料も一応想定しておく必要があるかも知れません。

少々先走ったことを申し上げたようですが、王命に関わる官職として、『周礼』が挙げた他の官名の職事を見ますと、西周時代の銘文に見える同じ官名の職事を多少反映するところもありますので、そのようなことを申し上げた次第です。ただし繰り返し申し上げなければならないことですが、『周礼』という書物が表現する、周王朝の官僚制度が当時のものであったとは到底思われないのも厳然たる事実で、ここのところが、この資料の扱いの難しいところでもあります。さてそこで、「大僕」と同じように王命に関わる官職として挙げられている、「小臣」

「内史」「祭僕」「戎右」についても簡単に触れておきましょう。特に「小臣」「内史」は、西周時代の職事をいくらか保存している官職だと思われます。

小臣、掌王之小命、詔相王之小灋儀、掌三公及孤卿之復逆、正王之燕服位、王之燕出入則前驅、大祭祀朝覲、沃王盥、小祭祀賓客饗食賓射、掌事如大僕之灋、掌士大夫之弔勞、凡大事佐大僕〔巻三十一夏官・司馬下〕

（小臣。王の小命を掌り、王の小灋儀を詔相す。三公及び孤卿の復逆を掌り、王の燕服位を正す。王の燕出入には則ち前驅す。大祭祀・朝覲《てうきん》に、王の盥《くわん》を沃《そそ》ぐ。小祭祀・賓客・饗食・賓射に、事を掌ること大僕の灋の如し。士大夫の弔勞《てうらう》を掌る。凡そ大事には大僕を佐《たす》く。）

内史、掌王之八枋灋、以詔王治、一曰爵、二曰祿、三曰廢、四曰置、五曰殺、六曰生、七曰予、八曰奪、執國灋及國令之貳、以攷政事、以逆會計、掌敍事之灋、受納訪、以詔王聽治、凡命諸侯及孤卿大夫、則策命之、凡四方之事書、内史讀之、王制祿、則贊爲之、以方出之、賞賜亦如之、内史掌書王命、遂貳之〔巻二十六春官・宗伯下〕

（内史。王の八枋《はつぱう》の灋《はふ》を掌り、以て王に治を詔《つ》ぐ。一に曰く爵。二に曰く祿。三に曰く廢。四に曰く置。五に曰く殺。六に曰く生。七に曰く予。八に曰く奪。國灋及び國令の貳を執《と》り、以て政事を攷《かんが》へ、以て會計を逆《むか》ふ。敍事の灋を掌り、納訪を受け、以て王に詔げて治を聽く。凡そ諸侯及び孤卿大夫に命ずるときは、則ち之を策命《さくめい》す。凡そ四方の事書は、内史、之を讀む。王、祿を制すれば、則ち贊《たす》けて之を爲《な》し、方を以て之を出《い》だす。賞賜《しやうし》も亦之の如《かく》す。内史は王命を書することを掌り、遂に之に貳《じ》す。)

祭事の細々とした記述は端折りまして、ポイントを押さえておくことにします。「小臣」は、殷代の甲骨文にも西周時代の銘文にも見える官名として、(7)甲骨金文の研究者にはよく知られるところですが、時代が下るにつれてその地位が下落していった官職としてもよく知られていきます。『周礼』の記述は、そのような地位としての没落を物語る資料の一つとして注目しておいていいでしょう。「小臣」は、「王の小命を掌る」ということですから、「大僕」と相似た職事に携わっていたと言えますが、「凡そ大事には大僕を佐く」とありますように、大きな祭事に当たっては、「大僕」の輔佐役を務める地位にあったことになります。

「内史」は「王命を書することを掌る」とありますように、王命を書記しておく官です。諸侯向けの命令は、王の代りに命書を読むということもやっていたようですので、「大僕」にかなり近い性格の官であったと考えられます。と言いますよりも、金文資料に見る「内史」の職事とは、まさにそのような官職だったわけで、(8)『周礼』という書物が、単なる造作された代物ではなく、やはり何らかの歴史的事実を踏まえたものであったことも否定できません。

また全文の引用は省きますが、「祭僕」は「掌受命于王以眂祭祀、而警戒祭祀有司、糾百官之戒具」(9)(命を王に受け以て祭祀を眂《み》て、祭祀の有司を警戒し、百官の戒具を糾すことを掌る。)とありますように、王の命を承けて祭祀に臨む官であり、「戎右」は「伝王命于陳中」(10)(王命を陣中に伝ふ。)とありますように、王命を陣中に伝える職事です。

さてこのように「大僕」「小臣」「内史」に関する記述を見て来て、改めて西周時代の官職の位置とを比較しながら捉え直しますと大変興味深いものがあります。つまり『周礼』に述べられた「大僕」の位置は、西周時代の金文資料に見える官職で言えば、「内史」の長である「内史尹」やあるいは「作冊尹」に相当するものになるわけです。そしてもしもそうだとしますと、「周本紀」に記された「太僕の政」の内容は、「太僕」の職事に関する可能性が高いと考えていいのではないかと思います。もっと踏み込んで言うならば、それは王命の出納に何らかの形で関わる事柄だったのではないか、ということになります。無論これは、あくまで推論の域を出るものではありませんが、できるだけ史料をして自らを語らしめようという方法で考察を進めてきた結果としては、そのような結論に導かれるだろうという意味であります。このことが、西周時代穆王期の銘文に見られる事柄と符合している点については、後ほどまた思い起こして頂けることでしょう(11)。

第六章　〈昭穆期〉をめぐる分期の問題（一）——貝塚分期

一　二つの分期

これから〈昭穆期〉の金文資料を具体的に検討していきますが、実はその前にどうしても潜り抜けなければならない少々厄介な問題があるのです。それは青銅器及びそれに刻された銘文（金文）の分期の問題です。特にこの〈昭穆期〉をめぐる重要な所で、現在最も広く用いられている二つの分期〔左表①③〕の仕方が対峙する状態になっていますので、これを避けて通るのは学者のとる態度としては賢明とは言えません。金文の研究に長い間携わって来た研究者の目から見ると、一見危険な冒険に見えるかも知れませんが、そこには重要な見落しと言いますか、盲点があるのです。本題に入りたいと思います。

現在比較的よく目にする分期の仕方を一覧表にしてみました。

〔西周期の青銅器分期一覧表〕

	①	②	③	④	⑤	⑥
	貝塚茂樹・白川静 木村秀海等	伊藤道治	樋口隆康・林巳奈夫 陳夢家・馬承源等 殷周金文集成	商周青銅器銘文選	許倬雲	盧連成・胡智生
王季						一期
文王						
武王	前期	前期	前期（早期）	早期	前期	二期
成王						
康王					中期	
昭王	中期	中期				
穆王			中期	中期		三期
共王	後期					
懿王						四期
孝王		後期				
夷王				晩期		
厲王			後期（晩期）		後期	五期
共和						
宣王						
幽王						

（注）この表を作成した後、曹瑋氏、吉本道雅氏、松井嘉徳氏などの分期案が新たに提示された。とりわけ曹瑋氏のものは周原出土の青銅器を対象にした注目すべきものであるが、拙論のテーマに直接影響するものではないので、敢て追加しなかったことをお断りする。

貝塚分期〔右表①〕は〈昭穆期〉を中期としてひとまとまりにして考え、陳分期〔右表③〕は武王期から昭王期までを前期（早期）、穆王期以降を中期と考えています。これまで金文を扱ってきた論者たちは、右表②④⑤のように多少の部分修正を加えることがあっても、こと〈昭穆期〉に関する限り、この何れかの分期に立脚して議論をしてきた、と言っても過言ではないと思います。それでここでは、それぞれの分期の妥当性を逐一検討するという作業は避けて、上記二分期を比較検討することで、代えたいと思います。

貝塚分期と陳分期との最も大きな相違は、一言で言えば金文学的研究と考古学的研究とのアプローチの相違ではないかと私は考えています。つまり、西周史の研究を銘文の内容に重点を置いて追究する場合には、前者の分期の選ばれることが多いですし、青銅器の器種の変遷やその組み合わせの変遷、また形態・紋様の変遷等、青銅器の外的な変遷に基づいて追究する場合には、後者の選ばれること多いのではないかということです。勿論、実際には双方の情報をお互いに取り入れつつ進められるわけですから、分期の相違が格別大きな問題と感じられないことも多いのですが、しかし西周史全体を見る時の目は、この分期の仕方の影響をかなり受けていると言わざるを得ません。つまり分期の問題は歴史観に関わる重要な問題であると言っていいと思うのです。その意味で、上記の何れかの分期を決定的に選んでしまうことには、少なからぬ危険性が潜んでいることになります。師弟関係を契機にしようが、自国の研究史に基づこうが、二者択一がそのまま学問的な呪縛となってしまうのを、私は強く感じます。ここでは、私自身の問題意識に沿いながら、この二分期を問題的に取り上げることによって、〈昭穆期〉の金文資料についての私の基本的な考え方を述べてみたいと思います。

二　金文学的分期――貝塚分期

先ず貝塚分期からです。貝塚分期の特徴は、金文の内容に基づいて分析を加え、西周時代を三期に分かつ点にあります。その意味で「金文学的分期」と呼んでもいいかも知れません。その貝塚分期に拠りますと、初期の金文は、「周の武将・家臣らが周王室・軍将・宰相よりその従軍の功に報いるために賜わった恩賞を記念する」〔一三六頁〕という性格をもっています。それを仮に「宝貝賜与形式金文」〔一四三頁〕と呼んでおきます。また後期金文は「官職車服冊命形式金文」〔一四三頁〕と呼ばれるもので、例えば共王期のものと思われる《趞曹鼎《せきそうてい》一》の銘文を見ますと、次のようなことが書いてあります。

隹七年十月既生霸、王才周般宮、旦王各大室、井白入右趞曹、立中廷北鄕、易趞曹 載市・

同黄・絲、趞曹拜頴首、敢對揚天子休、用乍寶鼎、用卿倗晉

（隹《これ》七年十月既生霸《きせいは》、王、周般宮に在り。旦《あした》に王、大室に格《いた》る。邢伯《けいはく》入りて趞曹《せきさう》を右《さす》け、中廷に立ちて北嚮《ほくきやう》す。趞曹に載市《さいふつ》・同黄《けいくわう》・鑾《らん》を賜ふ。趞曹、拜して稽首《けいしゆ》し、敢《あへ》て天子の休《たまもの》に對揚して、用て寶鼎を作る。用て朋友を饗せむ。）

七年の十月既生霸、王が周の般宮にあった時のこと。以下儀式の次第は次のようになっています。王は大室に出御して座しています。邢伯は趞曹の右者《ゆうじゃ》として朝廷に入場し、趞曹が朝廷の真ん中の位置について北面します。その趞曹に、載市・同黄・鑾といった品々が賜与されます。趞曹は、拝して稽首し、その品々を受け取ります。こうして受け取った天子の賜物に対して、この宝鼎を作ったのです。この鼎は親族との饗宴に用いるものです。

冊命を受ける者が中廷（庭）に立って北嚮することが儀礼の定型になっていることから、「廷礼冊命形式金文」と呼ばれたり、単に「冊命形式金文」と略称されたりすることも多いのですが、その内容は、名称に見られる通り、冊（策）書を以て官職に任命することを記した文章を青銅器に刻したものです。貝塚氏は、このような内容をもつ金文資料を、「周王朝の中央集権的傾向の増大、確立を表すもの」〔一四四頁〕としておられますが、この解釈は、すでに見た『史

記』の「周本紀」に記された、周王朝の歴史とは全く正反対の捉え方です。この解釈に対する疑問についてはさきほど簡単に述べておきましたので、ここでは繰り返しません。むしろここでは〈昭穆期〉の捉え方に重心を置いて、見てみたいと思います。

貝塚氏のいわれる、西周時代中期とは、まさにこの〈昭穆期〉を含むものです。氏は西周時代中期の金文を、前期と後期との「両半期金文を繫ぐ過渡的な性質を多く保有」〔一二六頁〕するものと規定しています。時期的には、〈昭穆期〉と単純に切らず、「周康王末年から昭王・穆王にかけて製作された一類の金文」〔一二六頁〕としておられます。「康王末年」とされるのは、康王期に製作されたことが明確な《大盂鼎》《小盂鼎》を含むからです。金文の内容に基づく分期ですから、単純に割り切らないのは当然のことです。厳密に言えば、貝塚分期の中期は〈康末昭穆期〉とでも呼ぶべきでしょう。このように、単に便宜的に昭穆期に限定せず、康末の《大盂鼎》を含めたのは適切な処置と言っていいと思います。そのようなことを私が敢えて申しますのは、《大盂鼎》の銘文には、その内容からのみならず、字形の面でも注目すべき点を含んでいるからです。少し横道に逸れますが、そのことに触れておきたいと思います。

《大盂鼎》の銘文の中には、次のように「令」という文字が七例見られます。

1　王才宗周、令盂（王、宗周に在りて、盂に令す。）
2　不顯玟王、受天有大令（丕《おほ》いに顯《あきら》かなる文王、天の有する大令を授けられたまふ、）
3　殷遂令（殷の令を墜《おと》せるは）
4　若玟王令二三正（文王の令する二三正に若《したが》はむとす。）
5　今余隹令女盂𥁕𤇾（今余は隹、汝盂に令して𥁕《せう》𤇾《えい》せしむ。）
6　令女盂（汝盂に令して、）
7　勿灋朕令（朕が令を灋《す》つること勿《なか》れ。）

その「令」の字形の下部に見られる「卩」の礼の仕方は、殷代の甲骨文及び金文のそれと、周代の金文のそれとでは、全く違った形をしているのですが、そのことに注目した人はこれまでありませんでした。しかし実際のところ、王朝の交代とともに、儀礼の様式にも変化が見られるのは当然のことで、例えば青銅器の種類一つをとっても、殷代では酒を入れる器である酒器が主流をなしていたのに対して、周代では、食物を盛る器である盛食器がそれに取って代わっていくことは、よく知られるところです。それと同じように、礼の仕方にも変化が見られてもなんら不思議はないのではないでしょうか？　具体的に申しますと、殷代から周代初期にかけての甲骨文及び金文では、「」のごとく跪礼《きれい》つまり、跪く礼になっていますが、周代のこのあたりから「」のごとく「立礼」になってくるのです。端的に申しますと、殷代では「跪礼」が用いられ、周代では、「立礼」が用いられたのではないかという考え方を私はもっているのです。このような礼の仕方の変化は、我が国の古代律令国家成立前後にも見られることについては、以前別の所で触れたことがありますので(1)、細かい論証はここでは省略させていただきますが、しかし話がここまで来ますと、殷式の「跪礼」から周式の「立礼」への転換の背景に、儀礼系統の大きな変化あるいは再編成といった、我が国の律令国家成立前後を思わせる、国家規模の大きな動きがあったであろうことは、一応想定しておく必要があると思います。

三　暫定案的性格を持つ分期

勿論、貝塚氏の分期は、今私が申し上げたようなことを念頭においてのものではなく、あくまで金文の内容から大きく三期に分けた、中間の過渡期として位置付けられたに過ぎないわけで、いわば便宜的な分期であったと申し上げていいのではないかと思います。そこに何らかの意味を見いだそうとするのは、飽くまで、先学の説を受け継ごうとする側の思惑によるものだと思います。かくいう私自身はと申しますと、貝塚分期のもつそれなりの根拠を認めてはいますが、また同時にその限界あるいは欠点を克服あるいは解消する方向を考えるべきであろうと思っているのです。その欠点とは、青銅器の器形の変化による変遷や断代の上で、時折検討外れな理解を示すことがある点です。これは貝塚分期の力点が金文の内容の分析にあったため、青銅器の外的研究、言い換えれば考古学的研究が十分に取り入れられていないことによるものです。と言いましても、実際のところは、そのような形態学的な研究がまだ十分に熟していなかった時期の産物ですから、そもそも無理な注文をしているのだ、と申し上げた方が適切だろうとは思います。

比較的よく知られた《宗周鐘》を例に取りましょう。《宗周鐘》の名で親しまれてきた後期の典型的なこの鐘は、作器者の名からすれば《㝬《ほ》鐘》と呼ぶのが正しく、現在ではその名で呼ばれることの方が多くなってきました。この《㝬鐘》は、その銘文に、「來逆卲王、南夷東夷、具見廿又六邦」とあるところから、「卲王」を「昭王」と解して、昭王期の標準器として扱われてきましたが、近年著しい進歩を見せている形態学的研究からすれば、《㝬鐘》は明らかに、貝塚分期の後期でもかなり後になるだろうと思われる時期のものですし[2]、その上、一九七八年に陝西省扶《ふ》風《ふう》県から出土した《㝬《ほ》簋《き》》の字体が《㝬鐘》のそれに酷似していることと、その《㝬《ほ》簋《き》》の形態及び紋様も、明らかに後期もかなり後のものであろうと思われることから、《㝬鐘》

は元来《㝬《ほ》𣪘《き》》と同じ出自のものではないかと考えるべきだったのです(3)。さらに言えば、《㝬《ほ》𣪘《き》》の銘文は、「王曰」で始まる極めて珍しいもので、その群を抜いて巨大な器体、風格のある文字、㝬という名前から、作器者が厲王ではないかと考える人もあるほどです(4)。作器者厲王説という見方は、西周王朝の成立の仕方や構造、王位継承の問題を考える上で、極めて興味深い考え方であると思われますので、一蹴して省みないとするには惜しいものがあります。この問題はいつか機会があれば論じたいと思っています。以上のように、《宗周鐘》の名で人口に膾炙してきた《㝬鐘》は、昭王期のものとするには余りにも時期が違い過ぎるので、これを標準器とするわけにはいかないのです。貝塚分期は、今後も形態学的な研究その他を援用しながら、分期断代を修正していく必要があると思います。

第七章 〈昭穆期〉をめぐる分期の問題（二）――陳分期

一 考古学的分期（一）樋口隆康案

今度はもう一方の雄である陳分期について見ることにしましょう。この分期は、中国の陳夢家氏が『西周銅器断代』で提唱したことに始まりました(1)。従って、この分期を採用しているのは、主として中国の学者ですが、そこへ日本の考古学者が加わります。念を押しておきますと、日本の金文学者は殆ど例外なく先に取り上げた貝塚分期に従っています。陳分期は、現在まで多くの研究者の手を経て修正を重ねてきましたが、その中の優れた仕事として真っ先に指を屈しなければならないのは樋口隆康氏の『西周銅器の研究』(2)です。そしてさらに挙げるべきだと思われますのは、比較的最近の仕事になりますが、林巳奈夫氏の『殷周時代青銅器の研究』全二冊(3)〔吉川弘文館〕と、中国では盧連成・胡智生両氏の手になる「陝西地区西周墓葬和窖蔵出土的青銅礼器」(4)〔『宝鶏𢐗国墓地』上冊所収〕という論文です。樋口氏は、現在では別の所に関心が移っているように見えますが、比較的若年の頃に打ち込んでおられた青銅器の考古学的研究の方面でも大変重要な仕事をしておられるのです。常に旺盛な好奇心とグローバルな視点をもって取り組まれる姿勢には、大いに学ぶべき点があります。

さてその樋口氏の『西周銅器の研究』を少し眺めておくことにします。樋口氏はその「器種の消長」という項の中で、殷から西周時代にかけての青銅器の器種の消長の情況を、比較的信頼できる資料を用いて分析をしておられます。(5)

西周全期を通じて存在する器種　鼎《てい》・甗《げん》・鬲《れき》・段《き》・盉《か》・壺《こ》・盤《ばん》

西周前半期にだけ存在する器種　爵《しゃく》・角《かく》・斝《か》・觚《こ》・觶《し》・尊《そん》・方彝《ほうい》・卣《ゆう》・罍《らい》・盂《う》

西周後半期にだけ存在する器種　簠《ほ》・盨《しゅ》・豆《とう》・匜《い》・鐘《しょう》（酒器は晩期に激減）

青銅器は、祭祀つまり祭に用いられるところから特に彝器《いき》と呼ぶこともありますが、殷代では、例の「酒池肉林」で知られますように、(6)とりわけて酒を多く用いましたので、酒器が多いのです。恐らく大量の酒を用いて神々を招き下ろしたのでしょう。また優れた彝器が専ら酒器であることも、祭祀の場での重要な位置が推測されます。西周時代に入ってからは、〈穆王期〉（中期）頃から、その酒器に替わって特に盛食器が増加してきます。そして樋口氏が申されるように、酒器が晩期に激減していくわけです。ただもう少し踏み込んで言いますと、そうした現象が、樋口氏の言われる意味での、彝器の「社会的な意義の変化を示す」〔二五九頁〕ものであるかどうかは疑問ですが。樋口氏は、次のようなことを述べておられます。

本来は宗廟の祭器であった彝器には、当然祭に捧げる酒器の使用が多いが、後世には宝器、記念の器とかわってくると、とくに酒器である必要がなくなってくる。〔二五九頁〕

しかし、康王末の代表的な彝器である《大盂鼎》に、殷が酒に溺れて滅んだとして、酒を厳しく戒める銘文が見えることや、(7)『尚書』という書物の「酒誥」にも、酒に溺れることを繰り返し戒めていることからも分かるように、(8)祭祀儀礼の方式そのものを、殷とは根本的に異なったものにしようと努力していた、と考える方が自然ではないかと私は思うのです。つまり具体的に言えば、祭祀における酒器の使用を極力控えようと考えたのではないだろうか、ということです。大局的に見て、この穆王期頃からと観察される酒器の減少は、そうした動向を背景にした現象ではないだろうか、と私は考えています。

さて、およそ金文資料を用いて西周史の研究をしている人で、自分のその分期を選んだ理由を明確に述べているケースがほとんどないという奇妙な現象が存在します。その意味では、樋口氏は例外の一人ということになります。そもそも考古学は、実証性あるいは客観性を命とするものですから、つねに考察を進める根拠を自ら問うという主体的な姿勢をもっているのだろうと思います。またそうであってこそ、我々後学の者がその説の是非を検討し得るのです。氏が陳分期を選んだ根拠とは、次のようなことです。

本論文では、陳夢家の分期を採用している。それは丁度八、九〇年に平均して分けていて、時代の長さを考慮するのに便宜であることにもよるが、穆王の時代から恭王・懿王ごろの銅器が、後述するごとくかなり具体的に明示され、周初の器に比して、様式的変化をしめしているとみられるからである。〔七六頁〕

一つには、陳夢家氏の三分期の長さが平均的であること。いま一つは、そのように分けた場合の中期の初めに当る〈穆王期〉頃から様式的変化がはっきりしてくるので、分期に客観的な根拠を見いだすことができる。ということでしょう。樋口氏はそう言いつつ、一方では必ずしもその分期に固執することなく、彝器に彫られた紋様の一つである鳥文の分析においては、昭穆期に見られる鳥文分類の精密化を図りつつ、彝器の断代を目論むという慎重で柔軟な態度をとっておられます。[9] 樋口氏の『西周銅器の研究』は一九六三年に「京都大学文学部研究紀要」に掲載されたものですから、すでに三十年以上も前の仕事ですが、その説は今なお十分有効ですし、従うべき点が多いことは高く評価すべきだと思います。

二 考古学的分期（二） 李学勤案

その後も陳分期の立場から分期断代を試みたものが現れましたが、とりわけ重要なものに、李学勤氏の「西周中期青銅器的重要標尺」[10] があります。李氏は、新しく窖穴から出土した、周原荘白村・強家村の青銅器を援用しながら、青銅器の分期断代を試みた上で、昭王期と穆王期との間に存在する断層の大きさを、「形態」・「紋様」「字体」等から浮き彫りにしています。その結論部分を引用しておきましょう。

昭穆兩個時期青銅器、其間的差異較大。昭王時器從形制・花紋・字體等方面看、較多保留成康期的特徴。穆王時器則變化已多、出現了不少新的因素。因此、我們認爲把西周早期・中期青銅器的界限劃在昭穆之間是合乎實際的。〔三四頁〕

（昭王期と穆王期の二つの時期の青銅器間の差異はかなり大きい。昭王期の青銅器は形態・紋様・字体等の方面から見て、成王期・康王期の特徴をかなり多く留めている。穆王期の青銅器はすでに大きく変化しており、新しい要素が少なからず現われている。そのため、我々は西周早期と中期との境界を昭穆の間に引くのが実際にかなっている。）

因みに、李氏のいう「字体」の差異には相当明瞭なものがあります。それで、従前より早期の字体の「渾厚肥健《きこうひけん》」に対して、中期の「緊湊体《きんそうたい》」という呼び名があるほどです。この字体のことは後ほど改めて触れることになると思いますので[11]、ここでは、「緊湊体」と呼ばれる字体が、穆王期・共王期に特徴的な字体として広く知られているということだけを強調しておくことにします。

このような青銅器の分期断代は、考古資料が増加し蓄積していくことによって、次第に妥当な説に帰結する性質をもっていると思います。実際、最近の中国の目覚ましい考古発掘作業によって、ますますこの説の妥当性が増しつつあるように見受けられます。そのような新出の青銅器をじっくり腰を拠えて観察しながら、非常に注目すべき整理を試みた仕事として、盧連成・胡智生両氏の「陝西地区西周墓葬和窖蔵出土的青銅礼器」という論文のあるのを見逃すわけにはいきません。

第八章　〈昭穆期〉をめぐる分期の問題（三）――盧・胡論文

一　盧連成・胡智生の論文

中国の考古学界は大変層が厚いという印象を強くもちます。それに比して我が日本の中国考古学者は、と言ってはそもそも比較する方が間違っているように思いますが、まことに寥寥たるもので、寂しい限りです。従って、この方面の一般書が刊行されるのも大変少なく、専門外の人が援用する考古学の知識も相当古いことが多いのです。それは、一々律儀に応接する暇がないほど、月刊や隔月刊の学術的な考古学雑誌が刊行されているのですから、無理はありません。例えば比較的よく知られている雑誌だけを挙げても、「考古」「文物」「考古学報」「考古与文物」「江漢考古」「文博」「文物天地」「華夏考古」「中原文物」などの名が直に出てきます。ほんの一昔前までは、最初の三誌だけだったのですから、学術的な雑誌がいかに盛んに発行されているかということが分かります。そこへもってきて重要な遺跡の場合には、別に大部な報告書が作成されますので、これに一応目を通しておかないととんでもない失態を演じることもあるのです。例えば、一九八七年に刊行された『殷墟発掘報告一九五八――一九六一』〔文物出版社〕などは、当初雑誌に簡単な報告がなされた内容も含んでいますが、[1]全く報告されなかった重要なことが数多く報告されていますので、殷代の研究や殷墟の都市形成を考える場合には、必ず通読しておかなければならない書物なのです。にもかかわらず、最初に出た簡単な報告だけで済ましているために、殷墟の都市形成に関しては、ほとんど知らないまま論じている人が非常に多いという現象があります。そうした意味では私たちは、いつも戦々兢々とした日々を送っているということになるでしょうか。そういうイキのいい中国の考古学者の、優れた仕事の一つとして、『宝鶏弴国墓地』(前出)の中に収録された「陝西地区西周墓葬和窖蔵出土的青銅礼器」という論文を是非とも見ておかねばなりません。これは盧連成・胡智生の両氏の手に成るものです。以下、便宜上、この論文を盧・胡論文と略して呼ぶことにします。

二　盧・胡分期の特徴

盧・胡論文で特筆すべき点は、豊かな発掘経験を武器にしていることと、分期断代を考える際、従前のごとく青銅器の器種の消長や器形の変化に注目するのみならず、それら青銅器の組み合わせの変化にも絶えず注意を払っていることです。盧・胡論文の分期はさきに一覧表で見て頂いてますので(2)、全くのはじめてではありませんが、もう少し詳しく見る意味で、改めて次に整理したいと思います。

一期＝王季・文王・殷代文武丁〜帝辛　〔先周〕
二期＝武王・成王・康王・昭王　〔周初〕約九十年
　早段・武成期
　中段・成康期
　晩段・昭王期
三期＝穆王・共王
四期＝懿王・孝王・夷王
五期＝厲王・共和・宣王・幽王

二期の武王から昭王までが、いわば陳分期の早期（前期）に当たり、三期・四期を合わせると陳分期の中期、五期が晩期（後期）に当っています。先ず、陳分期の中期を前後二つに分けたのが一つのポイントでしょう。そこに現われている青銅器の変遷の小さな変化を見逃していないということになります。また、二期の武王から昭王までの間を更に三段階に分けて見るというのも、観察が精密化していることの現われです。また、一期というのは、一般的には「克殷」以前、つまり殷王朝を滅ぼす前の「先周」と言われる時期ですが、新しく出土した青銅器が次第に多くなってきたため、新たにこういう分期が必要となってきたわけです。以前は、「克殷」以前というのは、周にはほとんど青銅器がなかったと見られていたのですから、実に今昔の感があります。盧・胡論文では、新出資料が比較的豊富な一期から三期にかけて見られる、目を瞠るような幾多の現象が報告されています。その全てに亙ってここで取り上げるほどの余裕はありませんので、〈昭穆期〉前後に焦点を当てつつ、関連的に取り上げるという方法を採りたいと思います。ただ、話はかなり専門的になりますから、聞きづらい方は、後で整理をしますので、その部分だけに耳を傾けて頂いてもいいのではないかと思います。

一期すなわち「先周」と言われる時期で先ず第一に挙げるべき事柄は、小墓においては、この時期からすでに周人と殷人との間で、彝器の組み合わせに特徴的な差異が見られるという点です。つまり、周人の小墓には、〈鼎《てい》・段《き》〉という食器のみの組み合わせが見られるのに対して、殷人の場合には〈爵《しゃく》・觚《こ》〉という鄭州二里崗以来見られる酒器の組み合わせが見られるということです。鄭州二里崗というのは殷代中期に位置付けられる時代で、青銅器が爆発的にその周辺へ広がりはじめた時期に当ります。この時期を、考古学者の張光直氏や浅原達郎氏などは二里崗インパクトと名付けているほどです(3)。

しかしながら事柄はそう単純ではなくて、比較的大きな墓葬に見られる食器と酒器の組み合わせでは、殷人のそれと共通点が多いという現象も報告されているのです。このような小墓と中・大墓との間に見られる墓葬の違いについて、私自身は次のような仮説をもって考えを進めています。つまり、いわゆる殷代末期においては、周の上層部の祭祀形態が殷の上層部のそれと共通した面をもっていたということ。そしてそれとは対照的に下層部においては、殷人が酒器を主とした祭祀儀礼、周人が食器を主とした祭祀儀礼を行なっていた可能性が高いということです。これは殷の文化圏と周の文化圏の基層における相違を物語っていると同時に、殷末における周王朝の祭祀儀礼が、殷のそれに従っていた可能性が高いことをも物語っているものと思われます。もう少し踏み込んで言えば、この時期、殷王朝の上層部と周王朝の上層部とは相当程度重なる部分があった可能性が高いのではないかということです。

次の二期に入りますと、〔早段〕すなわち武王・成王の時期では、大墓における酒器の数が増加しますが、小墓では食器偏重の傾向を保持しています。〔中段〕の成王・康王の時期には、三件一組の編鐘や水器のセットが登場して、彝器の組み合わせ関係に重要な変化を見せ始めます。このことは、貝塚分期における過渡期としての中期の始まりと符節を合すると言えるかも知れません。しかし〔晩段〕すなわち昭王期に入りますと、小墓における酒器が〈爵《しゃく》・觶《し》〉の組み合わせで増加する、流れからしますと逆行するような異常な現象が現われます。それとともに、大墓では、元来酒器であった壺や盉が盤と組み合わされて水器として用いられ始めた点が注目されるのです。

続いて穆王・共王の三期を見ておきましょう。三期で最も重要な現象は、酒器が減少し始めることです。この点は、先に見ました樋口氏の分析と一致しています。[4] そしてそれと入れ替わる形で、食器・水器・楽器が重視される方向に発展し始めるのです。例えば編鐘を例に挙げますと、以前には普渡村長由《ちょうし》墓の三件一組の編鐘のみであったのが、茹《じょ》家荘強墓のそれが加わります。そして次の四期に入るとこれが、井叔《けいしゅく》鐘三件一組など次第に増加の傾向を示す、ということになります。

四期・五期は、〈昭穆期〉をめぐる分期の問題を考える場合には、格別影響はなさそうですので、ここは省略しておきます。

〈昭穆期〉の位相を見る観点から言いますと、樋口隆康氏の分析に見られましたところの、穆王期以降酒器が減少し始め、食器が増加する、ということが大局的には妥当であったことが先ず再確認できます。しかし盧・胡論文に分析されましたように、水器・楽器の増加をそこに付け加えるべきだとするならば、この穆王期から、国家的祭祀形態が大きく変化していったということが、ほぼ疑いないことに思われてきます。それで、以上の考察を通して次第に明らかとなってきた〈昭穆期〉前後の様相について、ここで小さな整理をしておくことにします。

三　〈昭穆期〉の連続性と断絶性

　康王の頃より国家的祭祀儀礼が殷的な形式から新たなそれへと変化を見せ始め、徐々に周的なものを志向しはじめるが、昭王期に至ってもなお酒器が再び増加するなど、殷的な要素が完全には払拭しきれず、過渡的な様相を呈している。（因みに、〈昭穆期〉に盛んであったとされてきた、葊京辟雍《ほうけいへきよう》儀礼関係の銘文も、実際には昭王期にはまだ見られない。）しかし、穆王期に入るや否や酒器が目立って減少し始め、食器を土台にした周独自の祭祀形態がかなり急速に形成されていく。

　ということになると思います。してみれば、従来用いられてきた貝塚分期と陳分期とはそれぞれに根拠のあるものであって、彼を捨てて此を選ぶ性質のものではないことも、理解して頂けるのではないかと思います。以上申し上げたことを観点を変えて言いますと、康王期から昭王期にかけては周的な祭祀形態への志向期、穆王期からは殷的な祭祀儀礼を捨てて周的な祭祀儀礼へと脱皮を遂げる転換期とすることもできるでしょう。そのような意味で、この〈昭穆期〉は、連続性と断絶性とを併せもつ極めて波瀾に富んだ激動の時代であった、と言えるのではないでしょうか？　またそのような連続性と断絶性こそが、新たな時代を準備する過渡期の本質であろうと私は思います。

第九章　穆王期の銘文に見られる固有の現象

一　穆王期の問題点

　ここまでは、主として青銅器の考古学的な研究の成果に助けられながら、〈昭穆期〉という独特の位相をもつ時代について、考察を加えてきました。その結果、前代からの連続性という側面と、昭王期と穆王期との間に介在する断絶性という側面との、両面から見ていかなければならないことが分かってきたと思います。前者は周王朝がなお健在であることの何よりもの証左であります。しかし後者について考える時、そこに国家的祭祀儀礼の根本的な転換を迫る、何らかの現実的なインパクトを想定せざるをえないのではあるまいか、ということを感じていただけたのではないでしょうか。国家的祭祀儀礼というものは、その儀礼を行なう過程を通して、周族としての精神的結びつきを強めるという意味をもっていたと思います。その儀礼の内容が、酒器を中心とする儀礼から盛食器と楽器を中心とする儀礼へと大きく転換して行ったわけですから、その歴史的背景に何の現実的な契機も存在しないというのは考えにくいことです。もっと分かりやすく言えば、周族としての精神的結びつきを強めなければならないほど、周族が打撃を受けるような大きな事件が生じたということが考えられます。現在我々の掌握している範囲に限って言えば、何よりも史書の記述に見られる「昭王の水死」が挙げられるのですが、前にも申しましたように、金文ではそのことに直接触れるものはなく、史書の記述を疑う向きさえありました。しかし、銘文の言語現象を注意深く観察してみますと、昭王期の次の穆王期にしか見られないもので、しかもそのような消息を間接的に物語る表現が存在することに気付かされます。それは前にも申し上げたことのある戦役関係の銘文です。具体的に見ましょう。この問題について考える中で、相対立する分期の問題も一つの解決の方向をいくらか見出すことができるかも知れません。

二　緊湊体の時期について

こういう問題意識をもった時にとても便利なのが、白川静氏の『金文通釈』第四五輯に収められている、「通論篇」第九章「西周断代と年暦譜二」に整理された「断代分期表と器群」(1)です。そこには、青銅器が各期毎に事項別に分類整理され、問題意識に応じて利用しうるように便宜が図られているのです。仮にその断代の仕方に賛成でなくても、これを利用すべきだと思います。『金文通釈』の普遍性はこういう開かれた所にあるのだと思います。それで先ず、白川氏の分類に従って、昭王期から穆王期にかけての各期毎の分類項目を次に掲げます。なお、「昭穆期」という分類は、昭王期・穆王期の何れとも判じ難いもの、という意味でこのような処置がとられているのであろうことは、他に「成康期」「康昭期」「懿孝期」が立てられていることから推測しうることと思います。

昭王期……十又四祀、廿二年、休天君・夫人、大鳳文諸器、東宮、南征、溓《けん》仲

昭穆期……伯屖父《はくへきほ》、師雝父《しようほ》・古自《こし》・麸《ほ》、伯雝父《はくようほ》・古自・麸、毛伯《もうはく》・毛公《もうこう》、鹿文・鹿

穆王期……穆《ぼく》王、元年、三祀、葊京《ほうけい》、大室・瓦文、昭王祭祀

このうち戦役関係のものに絞りますと、昭王期では「南征」、昭穆期では「伯屖父」、「師雝父・古自・麸」、「伯雝父・古自・麸」、「毛伯・毛公」が挙がりますが、穆王期には戦役関係の項目が配されていません。もう少し具体的に言いますと、昭王の「南征」を昭王期に配されている以外はすべて昭穆期に配されているわけです。さてここが問題なのですが、その昭穆期に配されている青銅器の銘文の字体を具に見ますと、何れも前にお話ししました「緊湊体」と思われる字体になっているのです。これは穆共期に特徴的な文字であるというお話を以前にしておき

ましたが、その時は、李学勤氏の論文を引用して、穆王期から現われる新しい要素の一つとして、「字体」も挙げられていたことを申し上げただけでした。しかしこの穆共期に特徴的な「緊湊体」のことは、白川静氏ご自身も、『金文通釈』第十九輯の中で、[2]同様のことを述べておられたことは、案外知られていないのではないかと思います。その部分を引用してみましょう。

字様の上からいえば、穆共の小字体〔緊湊体〕は、前後期の中間に介在して、また一時期をなすものといえよう。〔三三八頁〕

穆共期の〔緊湊体〕という認識を示しながら、それらの字体で刻された銘文の時期を敢えて「昭穆期」に配されているのは、まことに不審なことであると言わねばなりません。不審というより、恐らくは、学問的に穏妥であろうとされるあまり、戦役関係のものを「昭穆の外征」ということを念頭に置きながら、昭王・穆王の何れにも属しうるようにそうされたのであろう、と思いますが、私のような後学の者の目から見ますと、そのことが却って、事実究明への道を霧の中にするような結果になっているのです。これらの銘文を全て〈穆王期〉に配すべきであることは明らかだと思います。因みにこのことは、青銅器の形態学的研究で最も体系的な仕事と目される、林巳奈夫氏の『殷周時代青銅器の研究——殷周青銅器綜覧』に鑑みても矛盾はなさそうです。

三　林巳奈夫の形態学的研究

林氏の研究の基本的な姿勢は、青銅器の形態や紋様の変遷をもっぱら現象的に観察することを通じて跡付けようとしたものです。もう少し具体的に申しますと、青銅器の側視形つまりシルエットを写真や実物によって比較対照しながら、それぞれの製作時期の前後関係を位置付けていくという、実に煩瑣で手間暇のかかる仕事です。そこへ紋様や文字の字体等、別の側面からの観察をも多面的に援用することによって、より妥当な分類に仕上げようと努力されたものです。このような方法を〈形態学的研究の方法〉と仮に呼んでおきますが、いま話題にしている西周時代について申しますと、Ⅰ（前期）・Ⅱ（中期）・Ⅲ（後期）の三つの時期に分けておいて、形態的な変遷から見て相対的に妥当と思われる時期に填め込んでいくというやり方です。これを西周時代の形態の知られている青銅器のすべてに亙って位置付けられたわけですから、大変驚くべきことで、画期的な業績だと言わねばなりません。この『殷周時代青銅器の研究』を十分に咀嚼して青銅器の見方を自分のものにしておきますと、初めて見る青銅器でも、それがどの時代に造られたものか、おおよその見当が直ぐに付けられるようになります。

ただちょっと注意しておかなければならないことは、林氏が割り出された青銅器の製作時期というものが、あくまで現象論のレベルであることを忘れてはいけないことです。言い換えれば、形態的に言うとこの辺に位置付けるのが落ち着きがいいということであって、それ以上のことを主張しておられるわけではないのです(3)。ですから、林氏が出された結論が一人歩きして、青銅器の製作時期があたかも客観的に証明されたかのごとく受け止める態度は、林氏の方法をよく理解していないことになります。

ところで、このような林氏の時期区分の方法も、徹頭徹尾現象論的に貫かれているわけではなく、やはり一つの基準というものが設けられています。その基準となっているのが穆王期の青銅器であるわけです。具体的に申しますと、林氏がⅡ（中期）の指標としておられる青銅器は穆王の名の見えるいわゆる標準器で、《遹簋《いっき》》や《長甶盉《ちょうしか》》などがそれに当たります。そういう意味では、林氏もまた樋口氏などと同じように陳分期に従っていることになりますが、これら穆王期の標準器をⅡＡとした上で、それより少し前の時期のものと思われる青銅器はⅠＢ、同時期あるいは少し時代が下るのではないか、と思われるものはⅡＡあるいはⅡＢというふうに位置付けられていくことになります。そして林氏も言われていることですが、このⅡＡ・ⅡＢという分類も絶対的なものではなく、多少の入れ替えもありうる、なお微妙な要素を含んだものということも念頭においておかねばなりません。

さて林氏の方法についての説明が少し長くなってしまいましたが、さきほどの話題に戻りましょう。林氏は、白川氏が「昭穆期」に分類されている戦役関係の青銅器のうち形が知られるものに関しては、ⅡAあるいはⅡBに分類されていて、一つとしてⅠBには分類されていません。このことを別の言い方で申しますと、これらⅡ（中期）に分類された青銅器には、Ⅰ（前期）のものとは見做しにくい、かなり明確な差異が見て取れるということになります。無論、林氏の形態学的方法というのは、あくまで現象論的な方法を貫こうとするものですから、氏自ら言われるように、それらの銅器が何王の時期のものであるというふうに断定することには不向きではありましょう。しかし、白川氏が「昭穆期」の戦役関係のものとされていた青銅器が、むしろそのような方法によって、ⅠBに分類されなかったことに、私などは大きな意味を見出すのです。

四　〈昭穆期〉の戦役関係の銘文

以上に述べました観点から〈昭穆期〉の戦役関係の項目を整理し直しますと、次のようになります。

昭王期……南征

穆王期……伯屖父《はくへきほ》、師雝父《しようほ》・古自《こし》・𦈡《ほ》、伯雝父《はくようほ》・古自・𦈡、毛伯・毛公

次に項目別に銘文を見てみたいと思います。なおここでおことわりしておきますが、銘文の読解は後ほど改めて行ないますが、いずれにしましても、専門外の方にとってはあまり面白いものではないかも知れませんので、ここのところは飛ばして頂いてもいいのではないかと思います。ところどころでまとめながら進めて」いきますので、うまく切り抜けていただきたいと思います。また専門の方は是非とも飛ばされませぬよう、よろしくお願い致します。

〈昭王期〉

南征

①𤕌従王戍荊、孚、用作餴毁《𤕌《し》毁《き》》

②過白従王、伐反荊、孚金、用乍宗室寶隮彝《過《か》伯《はく》毁《き》》

③𤞷駿従王南征。伐楚荊、又得。用乍父戊寶隮彝　呉字形圖象《𤞷《じ》毁《き》》

④隹王南征、才□、王令生、辨事□公宗室、小子生易金・鬱鬯、用乍𣪘寶隮彝、用　對揚王休、其萬年永寶、用卿出內事人《小子生尊《しょうしせいそん》》

（何れも第四章を参照して下さい。）

〈穆王期〉

伯屖父

⑤隹白屖父、㠯成𠂤即東命、戍南尸、正月既生霸辛丑、才䣄、白屖父皇競、各于官、競蔑曆、賞競章、對揚白休、用乍父乙寶隮彝、子孫永寶《競卣《ゆう》》

（隹《これ》伯辟父《はくへきほ》、成の師を以《ひき》ゐて東命に即《つ》き、南夷を戍《まも》る。正月既生霸《きせいは》辛丑、䣄《ひ》に在り。伯辟父、競を皇《かがや》かさむとして、官に格《いた》る。競、蔑曆《べつれき》せられ、競に璋を賞せらる。伯の休《たまもの》に對揚して、用て父乙の寶《はう》隮《そん》彝《い》を作る。子孫永く寶とせよ。）

⑥隹六月既死霸壬申、白屖父蔑御史競曆、賞金、競揚白屖父休、用乍父乙寶隮𣪘《競𣪘《き》》

（隹《これ》六月既死霸壬申、伯辟父《はくへきほ》御史《ぎょし》競の曆を蔑《いさをし》し、金を賞せらる。競、伯辟父の休《たまもの》に揚《こた》へて、用て父乙の寶《はう》隮《そん》彝《い》𣪘《き》を作る。）

⑦隹十又二月既望、辰才壬午、白屖父休于縣改曰、叡、乃仜縣白室、易女婦爵、〓之戈・周玉黃〓……〔以下略〕《縣《けん》改《き》殷《き》》
(隹十又三月既望、辰は壬午に在り、伯辟父、縣改に休して曰く、叡《ああ》乃の仜《つく》れる縣伯の室あり。汝に婦爵・〓《くわ》の柲《ふく》・雕玉黃〓を賜ふと。)

師雝父・古自・〓

⑧隹十又一月、師雝父省道、至于〓、〓從、其父蔑〓曆、易金、對揚其父休、用乍寶鼎《〓《う》鼎《てい》》
(隹《これ》十又一月、師雍《しようほ》父、道を省して、〓《ほ》に至る。〓《う》従ふ。其の父、〓の曆《いさをし》を蔑《あらは》し、金を賜ふ。其の父の休《たまもの》に對揚して、用て寶鼎を作る。)

⑨隹六月既死霸丙寅、師雝父戍才古自、〓從、師雝父肩、史〓使于〓侯、〓侯蔑〓曆、易〓金、用乍旅獻《〓《う》甗《げん》》
(隹《これ》六月既死霸丙寅、師雍父、戍《まも》りて古師に在り。〓《う》從ふ。師雍父、肩《えん》す。〓をして〓《ほ》侯に使せしむ。〓侯、〓の曆を蔑し、〓に金を賜ふ。用て旅甗《りよげん》を作る。)

⑩隹十又三月既生霸丁卯、臤從師雝父、戍于⿰古丰𠂤之年、臤蔑曆、中競父易金、用乍父乙寶𩰫彝、其子子孫孫、永用《臤尊《けんそん》》（私注）臤觶は偽刻なので尊に変更。
（隹《これ》十又三月既生霸丁卯、臤《けん》、師雍父に從ひ、古師に戍《まも》るの年。臤、蔑曆《べつれき》せらる。中競父《きやうほ》、金を賜ふ。用て父乙の寶𩰫《りよ》彝を作る。其れ子〻孫〻、永く用ひよ。）

⑪⿰禾旨從師淮父、戍于古𠂤、蔑曆、易貝卅寽、⿰禾旨拜⿰旨頁首、對揚師淮父休、用乍文考日乙寶隮彝、其子〻孫〻、永福《⿰禾旨《し》卣《ゆう》》
（⿰禾旨《し》、師雍父に從つて、古師に戍る。蔑曆せられて、貝三十鋝を賜ふ。⿰禾旨、拜して稽首し、師雍父の休に對揚して、用て文考日乙の寶隮彝を作る。其れ子〻孫〻まで、永く福あらむことを。）

伯雝父・古𠂤・⿰缶夫

⑫白雝父來自⿰缶夫、蔑彔曆、易赤金、對揚白休、用乍文且辛公寶䵼殷、其子子孫孫、永寶《彔殷《ろくき》》
（伯雍父、⿰缶夫《ほ》より來り、彔《ろく》の曆《いさをし》を蔑《あらは》し、赤金を賜ふ。伯の休に對揚して、用て文祖辛公

の寶鬻殹《はうしやうき》を作る。其れ子〻孫〻まで、永く寶とせよ。)

⑬王令戜曰、戱、淮尸敢伐內國、女其㠯成周師氏戍于𠂤、白雝父蔑彔曆、易貝十朋、彔拜䭬首、對揚白休、用乍文考乙公寶隮彝《彔《ろく》戜《しゆう》卣《ゆう》・彔戜尊》

(王、戜《しゆう》に令して曰く、戱《ああ》、淮夷《わいい》敢て內國を伐つ。汝其れ成周の師氏を以《ひき》ゐて、古師を戍《まも》れと。伯雍父、彔の曆を蔑し、貝十朋を賜ふ。彔、拜して稽首し、伯の休《たまもの》に對揚して、用て文考乙公の寶隮彝を作る。)

⑭白戜肇其乍西宮寶、隹用妥神褱、唬前文人、秉德共屯、唯匄萬年、子子孫孫永寶《伯《はく》戜《しゆう》殹《き》》

(伯戜《しゆう》肇《はじ》めて其れ西宮の寶を作る。隹《これ》用て神懷を綏《やす》んじ、前文人を唬《たのし》ましめむ。德を秉《と》ること恭純にして、隹《これ》萬年ならむことを匄《もと》む。子〻孫〻、永く寶とせよ。)

毛伯・毛公

⑮隹八月初吉、才宗周、甲戌、王令毛白更虢城公服、甹王立、乍四方亟、秉緐蜀巢令、易鈴勒、咸、王令毛公、㠯邦冢君・土馭・戜人、伐東或痟戎、咸、王令吳白曰、㠯乃𠂤、左比毛父、王令呂白曰、㠯乃𠂤、右比毛父

遣令曰、㠯乃族、從父征、㳄城衛父身、三年靜東國、亡不戍肙天畏、否畀屯

陟、公告厥事于上、隹民亡徣才彝、恚天令、故亡尤才顯、隹敬德、亡直違

［以下略］《班毀《はんき》》

(隹《これ》八月初吉、宗周に在り。甲戌、王、毛伯に令して、虢城公《くわくじやうこう》の服を賡《つ》ぎ、王位を甹《たす》け、四方の亟《きみ》と作《な》り、繁《はん》・蜀・巣の令を秉《と》らしむ。鈴勒《れいろく》を賜ふ。咸《をは》る。王、毛公に令し、邦冢君《はうちやうくん》・徒馭《とぎよ》・戜人《ひき》を以ゐて、東國痛戎《えんじゆう》を伐たしむ。咸る。王、吳伯に令して曰く、乃《なんぢ》の師を以ゐて、毛父を左比《さひ》せよと。王、呂伯に令して曰く、乃の師を以ゐて、毛父を右《う》比《ひ》せよと。

遣《けん》、令して曰く、乃の族を以ゐて、父の征に従ひ、城を徣《い》でて父の身を衞《まも》れと。三年、東國を靜《やす》んず。戊《ことごと》く天威《てんい》に殬《やぶ》れざるは亡《な》く、丕《おほ》いに純陟《じゆんちよく》を畀《あた》へられたり。公、厥《そ》の事を上に告ぐ。隹《これ》民は徣《い》づること亡くして、彝に在り。天令に恚《つと》めたり。故に尤《とが》亡《な》くして、顯《けん》に在り。隹德《これとく》を敬《つつ》しみて、直《もつ》て違ふこと亡かりきと。)

⑯毛公肈鼎亦隹毀、我用𩛥、厚眔我友匓、其用召、亦弘唯考、肆毋又弗讀、是用壽考　《毛公方鼎《もうこうほうてい》》

(毛公の肈鼎《りよてい》と亦隹毀。我、用て𩛥《さい》し、厚く我が友と匓《きう》す。其れ用て侑《すす》めむ。亦弘《おほ》いに唯《これ》孝し、肆《ここ》に讀《いの》らざること有ること毋《な》からむ。是を用て壽考ならむことを。)

⑰盂曰、朕文考眔毛公趞中、征無需、毛公易朕文考臣、自厥工、對揚朕考易休、用宝茲彝乍厥、子子孫孫、其永寶《盂𣪘《もうき》》
(盂曰く、朕《わ》が文考と毛公趞《けん》仲と、無需《むじゅ》を征す。毛公、朕が文考に臣を賜ふ。厥《そ》の工よりす。朕が考の賜へる休《たまもの》に對揚して、用て茲《こ》の彝《い》に宝して厥《それ》を作る。子ゝ孫ゝ、其れ永く寶とせよ。)

五　征・伐・戍

昭王期の「南征」が、楚荊を対象とした戦役であることは、以前に『史記』の「周本紀」や『左伝』の僖公四年の条を見ましたので、すでに確認済みです(4)。これは、同時代の資料と史書の記事とが一致した大変貴重な例です。こういうものを基礎にして、西周史の再構成という作業が、少しずつではありますが可能になっていくわけです。ただその際、前にも申し上げたように、史書に記されている「昭王の水死」がまだ懸案のままになっています。ここでの私のお話も、その問題の根本的な解決を重要な課題としているわけですが、そこに一歩近づくための前段階として、先ず戦役関係の内容を吟味しておきたいと思います。戦役を直接表現する語句には、次に掲げますように「征」「伐」「戍」が用いられています。

「戍荊」《鼒《し》𣪘《き》》
「伐反荊」《過《か》伯《はく》𣪘《き》》
「南征伐楚荊」《𤝔《じ》𣪘《き》》
「南征」《小子生尊《しょうしせいそん》》
「戍南尸」《競卣《きょうゆう》》
「戍于古𠂤」《遇《う》甗《げん》・穚《し》卣《ゆう》》
「戍于古𠂤」《臤《けん》觶《し》・彔《ろく》𢦚《しゅう》卣《ゆう》・彔𢦚尊《そん》》
「征無需」《孟《もう》𣪘《き》》

このうち「征」と「伐」とは、「征伐」というように熟して用いられているところからもお分かりいただけますように、こちらから出向いて征服したり、攻撃したりすることを表わす文字です。またもう一つの「戍」の場合は、「伐」と字形の構成要素が共通していて、『説文解字』（以下、『説文』と略称します）の何れの項目にも「从人持戈」と記したりしているため、しばしば混同されることのある文字ですが、「伐」「戍」双方の金文の字形を注意深く観察すれば分かりますように、前者が武器である〈戈〉を以て〈人〉を斬る形、後者は〈人〉が〈戈〉を担ぐ形になっていて、明らかに表現意識に差異が見られるわけです。『説文』は、字形の説明そのものは同じでしたが、「伐」の意味を「擊也」(5)(擊つなり)とし、「戍」の方を「守邊也」(6)(邊を守るなり)として意味の差異を明確にしています。私の話が随分枝葉末節にとらわれていて、聞くのも煩わしいとお思いの向きもあるかと推察しますが、この二字の意味の決定的な差異を、イメージとして十分に描いていただきたいとの思いから、少々回りくどい説明をしているのです。そうした上で、白川静氏の『字統』(7)を見てみましょう。白川氏は「伐」を「戈を以て人を斬る形」〔六九六頁〕とし、「戍」を「人が戈を負うて守る形」〔四〇三頁〕として、字形を正確に把握した上で、字義を説いておられるのは流石だと思います。

六　戦争論の観点から見た「征」「伐」「戍」の概念

ところで、ここで一見自明とも思われる戦争という現象の中の、「征」「伐」「戍」とはどのようなものなのか。原理的に考える意味で、戦争論の古典に属するクラウゼヴィッツの『戦争論』[8]の力を借りながら、考えてみたいと思います。最初に申し上げておきたいのは、「征」「伐」と「戍」とは、クラウゼヴィッツの規定する「攻撃」「防御」という二つの概念に通じるところがあることです。つまり彼は、前者を「敵国の領土の略取を主旨とする」としておりますし、後者を「防御の概念とは何か。敵の攻撃を『拒止する』ことである。それならば、――防御の特徴は何か。この攻撃を『待ち受ける』ことである」[9]〔中巻　二六八頁〕とした上で、さらに次のような、とても重要な概念規定をしています。

戦争の発生を哲学的に考察すると、元来戦争という概念は攻撃と共に発生するものでないことが判る。攻撃は闘争よりはむしろ敵国の領土の略取を絶対的目的とするからである。それだから戦争の概念は、防御と共に発生するのである。

〔中巻　第七章「攻撃と防御との相互作用」三〇四～三〇五頁〕

先ず、領土の略取を目的とする、敵の「攻撃」が発生するというのが、戦争という現象の前提条件ですが、しかしそれだけではまだ戦争が起こるとは言えません。つまりその敵の「攻撃」を拒止する「防御」という行為が発生してはじめて、戦争が発生すると言えるわけです。逆の言い方をしますと、「防御」という行為が発生しなかったら、つまり敵の「攻撃」を拒止する

「防御」という行動を起こさずに、直ちに降伏したり、あるいは、敵が目前まで来ながら、「防御」態勢の堅固なのを見て、退却するといった場合には、戦争が発生しなかったことになります。我々がここで検討を加えようとしております、戦役関係の銘文資料の中の「征」「伐」や「戍」という語は、いわばこの具体的な行動レベルの概念であって、抽象的な「戦争」や「平和」の概念レベルではありません。ここのところがとても重要なのです。これまで、金文研究の大家たちの解釈は、戦役関係の金文をとかく、抽象的な戦争の概念で見ようとしてきた傾きがあります。不遜であることを畏れずに言わせていただくならば、「征」「伐」「戍」といった具体的な行動概念を、極めて曖昧に戦争概念一般として捉らえて来た傾向がある、ということなのです。ですから、「征」「伐」「戍」という語を用いながらも、そこには論理的な区別があまりはっきり見られないのです。昭王期と穆王期を含んでその前後と見られる、戦役関係の銘文をすべて、この〈昭穆期〉に放り込んでおくという暫定的な処理は、そのような理解の仕方に起因するものだと言っても過言ではありません。

以上のように少し整理できたところで、それらの語の概念を改めて見直しますと、例えば「戍」という語などは、厳密に言えば、国境で武装して待機する、あるいは敵の攻撃を「待ち受ける」ところに本質があるわけで、必ずしも「戦争（戦闘）」の発生を意味するとは限らないのです。その意味では、『説文』の「守辺也」（辺を守るなり）や、白川氏の、「人が戈を負うて守る形」は、まさにそのような概念に相応しい説明になっていると思いますし、事実、穆王期に見られる「戍」には、昭王期に見られる「伐」「戍」によるところの「銅」などの戦利品のごときものが見られませんので、戦闘を交えた可能性が低かったように思います。そして、それにもかかわらず、それらの青銅器の作器者が「戍」の功績に対して賜与を受けているということは、「戍」という国境防備が、戦争における功績にも相当する、極めて重要な任務であったことを意味していると考えるべきだと思います。穆王期の、国境における「戍」の任務に駆り立てられた、競《きょう》・縣改《けんき》・㲉《う》・遇《う》・臤《けん》・穚《し》・彔《ろく》・彔𢦚《ろくしゅう》・伯𢦚《はくしゅう》といった人たちは、我が国の古代に擬えるならば、七世紀中葉に、朝鮮半島の白村江で大敗した後の、対外的危機情況における、北九州北岸の「防人」にも相当する任務に就いたことになるのです。

さて、以上のように考えた上で、銘文の用例を整理してみますと、次のような分類を立てることができます。

〔Ⅰ〕「伐反荊」《過伯毀》「南征伐楚荊」《㝬毀》〔昭王期〕

〔Ⅱ〕「南征」《小子生尊》〈昭王期〉、「征無霙」《孟毀》〔穆王期〕

〔Ⅲ〕「戍荊」《鼒簋》〔昭王期〕、「戍南尸」《競卣《ゆう》》〔穆王期〕

〔Ⅳ〕「戍于古𠂤」《遇甗・穪卣《ゆう》》「戍于古辪𠂤」《臤觶・彔𢦔卣《ゆう》・彔𢦔尊》〔穆王期〕[10]

第十章　〈昭穆期〉の様相

（最初におことわりしておきますが、ここのお話は極めて専門的ですので、前にも申しましたように、専門外の方はここの所は飛ばされた方が得策かも知れません。後ほど合図の☆印をつけておきますので、そこへ飛んで下さい。老婆心ながら一言付け加えておきます。勿論続いて耳を傾けていただけるのはありがたいことです。）

一　〈昭穆期〉の戦役関係の銘文を戦争論の観点から捉え直す

前章で整理した、〔Ⅰ〕と〔Ⅱ〕は、「反荊」「楚荊」を対象とする、昭王の南征関係の銘文です。②の《過伯毀《かはくき》》は、過伯が、昭王自ら遠征するのに従って、反荊つまり背いた楚荊を伐ち、その時「銅」を獲たことをいう銘文です。当時は銅のことを「金」あるいは「吉金」と言っていたのです。後に、「金」の座をゴールドの方に譲りますと、それに「同」という文字を付けて「銅」という文字が使われるようになりました。

③の《猒𣪕《じき》》は、猒が御者として王の南征に従って楚荊を伐ち、その時何らかの戦利品を得たことをいう文です。ここの「もの」が何かは具体的には記されていません。

④の《小子生尊《しょうしせいそん》》は、王の南征の際、□という所で、王は生〔人名〕に公宗に弁事することを命じて、金・鬱鬯を賜与したものです。

⑰の《孟𣪕《もうき》》は、孟の亡父が毛公遣仲《けんちゅう》という人物とともに、無霎《むじゅ》を征伐した時のことを記しています。青銅器の作られた時期は穆王期ですが、銘文に記された出来事の時代は、一時代前の昭王期のことでしょう。

〔Ⅲ〕は、「戍＋敵国名」の形で用いられる「戍」の用例です。

①の《鼒𣪕《しき》》は、昭王期のものです。鼒が王に従って、荊に対する国境防備に就き、その時俘獲するものがあったことを記す文です。防備とはいえ、荊の攻撃があり一戦交えたものと思われます。

⑤の《競卣《ゆう》》は、伯辟父《はくへきほ》が成の「師」つまり師団を率いて東方への遠征に赴き、南夷に対する国境防備に就いた。正月既生霸辛丑の日、彼の地坏《ひ》において、伯辟父は競の戍守の功を讃えようとして官に行き、競の勲功に賞し璋という礼器を賜与したものです。これらは、昭王期から穆王期にかけて、周の形勢が領土拡張から防御へと転換する時期の銘文です。

次に進む前に、付け加えておきたいことがあります。それは、穆王期以降の戦役関係の銘文には王が全く登場しないことです。それに替って伯屖父・師雝父（白雝父）・毛公・毛伯などの将軍が登場するのです。特に、伯屖父・師雝父（白雝父）の任務は⿰𠦝不及び古自（⿰古丰自）における「戍」つまり国境防備です。仮想敵である淮夷や南夷と一戦交えるということもなく、従って戦利品も皆無です。

〔Ⅳ〕は、「戍于＋要塞名」の形で用いられる穆王期の「戍」の用例です。「⿰古丰自」は恐らく「古自」と同じで、『金文通釈』に従って一応「古師」という字を当てておきます。ここは、淮夷の北行を防ぐために淮水の北岸附近に設けられた要塞ではないか、と私は考えています。勿論、周の軍が河を渡って南征する場合の重要な中継点でもあります。因みに「古師」に関連して出てくる「⿰吉夫《ほ》」という所は、「古師」からさほど遠くない国、最近研究者の間でよく用いられる語彙で言いますと「邑制国家」ということになりますが、ここが、「古師」に武器や食料を送り込む軍事的な拠点の役割を果たしていたと思います。我が国の古代で言えば、前者が博多辺りにあった「那津」、後者が大宰府に相当するわけです。その意味で、「⿰吉夫」は、周の南方経営の鍵を握る要地で、当時すでに周王朝とは極めて密接な関係にあったのだと思います。後期になって、《宗周鐘》つまり《㝬鐘》や、《㝬𣪕》が現われますが、(1)これらの作器者である「㝬」がこの地の首長あるいは王であることは、西周王朝の形成や構造を考える上で、大変重要な意味をもっているように思われます。その説の是非はともかくとして、この「㝬」が「厲王」だという説も、一笑に付してしまうような荒唐無稽な考え方では決してありません。十分に時間をかけて検討するに値する説だと思います。(2)

さて話を戻しましょう。この場合の「戍」には、介詞である「于」が入りますので、「詩経」「左伝」に見られる次のような語法とは若干の違いがあります。

「不與我戍申」〔王風「揚之水」〕（我と申を戍《まも》らず）
「爲戎難故諸侯戍周」〔左傳・僖公十三年〕（戎難の爲《ため》の故《ゆゑ》に諸侯　周を戍《まも》る。）

しかしこちらの方が、「古師」において武装して待機する、あるいは待ち受ける「防人」的な意味がより一層明確に表現されているように思われます。

⑨の《遇甗《うげん》》は、六月既死霸丙寅の日に、師雍父《しようほ》が古師において国境の防備に当った。遇はそれに従ったのです。師雍父は肙《えん》という軍礼を行ない、その使者に遇を立てて㝬侯のところへ赴かせました。㝬侯は遇の功績を讃えて「金」を賜与したというものです。

なお師雍父は、⑧の《𢿽鼎《う》》では、「古師」から誅へ遹省《いっせい》巡察を行なっていますが、その時𢿽がそれに従って「金」の賜与を受けています。「古師」と誅とを繋ぐ道路は、一種の生命線とも言うべき連絡線であったと思われます。

⑪の《稽《し》卣《ゆう》》は、稽が師雍父に従って古師における国境防備に当った功績を讃えられ、貝三十朋を賜与されたというものです。

⑩の《臤《けん》觶《し》》は、十三月既生霸丁卯の日、それは臤が師雍父に従って古師における国境防備に就いた年のことです。臤は功績を讃えられ、仲競父がそれに「金」を賜与したというものです。

⑬の《彔《ろく》𢦚《しゅう》卣《ゆう》・彔𢦚尊《そん》》は、王の命令による行動であることを刻したもので、王は淮夷が我が国に侵寇したことを彔𢦚に告げた上で、成周の師氏を率いて古師において国境の防備に就け、といっているわけです。古師にはすでに伯雍父が任務に就いており、恐らくその傘下に入ったものと思われます。それで彔𢦚の功績に対して伯雍父が貝十朋を賜与したのです。

なお⑫の《彔《ろく》毁《き》》では、伯雍父が誅より来て、彔の功績を讃えて賜与したというのは、伯雍父が「省道」のため誅に行っている間、「古師」の防備を彔に任せておいたという事情があったのではないかと思われます。

☆ 二 問題点の整理

以上、関係の金文資料を簡単に辿ってみましたが、問題点を少し整理してみたいと思います。

第一に、昭王期の戦役関係の金文資料が、《𤔲《し》𣪘《き》》を除いては全て「攻撃」性の「征」「伐」に関するものであったことです。

第二に、そのうち楚荊を対象とする「南征」は、昭王自ら軍を率いるものであったことです。これは、克殷の王であった武王以来の軍事王としての性格がよく出ていると思います。

第三に、穆王期の戦役関係の金文資料が、全て国境防備の「戍」に関するものであったことです。それらの作器者たちは、その華々しい戦功に対して賜与を受けたわけではなく、何れもこの「戍」の功績を讃えられて賜与を受けた者たちでありました。

第四に、この「戍」という文字は共王期以降には殆ど見られなくなることです。より厳密に言いますと、昭王期の《𤔲《し》𣪘》に一例を見る以外は、穆王期に集中的に見られるということです。

第五に、この穆王期の「戍」に王自ら軍を指揮するということがなく、それに代わって伯辟父・師雍父（伯雍父）という将軍たちが指揮に当っていることです。王はといえば、発令者として現われる《彔《ろく》𢦚《しゅう》卣《ゆう》・彔𢦚尊》程度に過ぎません。このことは従来までの軍事王という性格を失ったことを思わせます。因みに、昭王期に休止されていた葊《ほう》京《けい》辟雍儀礼が、この穆王期に再び見られるようになりますが、先に申し上げたことを勘案しますと、王は穆王期から祭祀王としての性格を強めたのではないかと思われます。

　以上のことから読み取りうることは、先ず、昭王の戦死（水死）によって周王朝が大きな打撃を受けたことです。そしてそれを契機に周の軍全体の足並みが乱れて、守勢に転じることになるのですが、淮夷の侵略が非常に懸念されるため、その侵入経路である淮水北岸の要塞「古師」の防備に非常に力を入れることになるのです。そしてその生命線上にある鈇は、その意味で最も重要な役割をもつことになります。またそれとは別方面で南夷の侵入が考えられる経路に「邳《ひ》」という要塞がありますが、ここにも防備の軍を派遣するということになるのです。穆王期の周王朝はこうして対外的な危機の中で、王朝の再生を図りつつ出発するわけです。これを王権の観点から見ますと、昭王の戦死による王権の動揺を打開するために、王の宗教的権威化を含んだ体制の根本的な建て直しを迫られていた、ということになります。いわば、周族の紐帯つまり精神的な結びつきを、一挙に瓦解せしめる分裂への危機感に包まれていたのです。

第十一章　西周王朝支配構造の解釈

一　伊藤道治氏の試み

　ここまでお話ししました内容を振り返ってみますと、『史記』の「周本紀」などを始めとする歴史書に記された内容と、同時資料としての銘文に記された内容とが、ほぼ一致していることが分かります。以前申し上げた言葉をここでもう一度使うならば、「『郁郁《いくいく》乎《こ》として文なるかな』（『論語』八佾篇）という言葉によって、我々が長い間抱いてきた、現実の西周王朝は、成王の天下一統の後もその滅亡に至るまで、浮き沈みを繰り返していた不安定なものであった」（第三章）ということになります。それでは、穆王期あたりから現われる「冊命形式金文」とは一体いかなる性格のものなのか、という問題が私たちの前に立ちはだかってきます。つまり、貝塚氏のように、「周王朝の中央集権的傾向の増大、確立を表すもの」と考えてしまいますと、史書の記述と相矛盾するのは言うまでもありませんが、金文の他の資料の読み方とも関わってきますので、ここは慎重に臨まなければなりません。また、冒頭でも言及しましたが、伊藤道治氏のように、共王期以降を「王権の衰退」と見るならば、この「冊命形式金文」をどう捉らえるかというのが重要な問題になってきます。

近年、伊藤氏は、『周礼《しゅらい》』に見られる官僚制度が西周時代のそれを或る程度投影するものであるとの前提に立って、西周王朝の官僚制度の綿密な研究に取り組みつつありますが、(1)この時期を「王権の衰退」と捉えたこととの関係を、(2)どのように始末するのかという難問が待っていると思います。しかしそうは言っても、あの若い頃から、貝塚茂樹氏の甲骨文研究の強力なアシスタントとして、また我々後学の者の模範とすべき謙虚な態度で学問に精進してこられた、伊藤氏のこの度の企ては、自ら「大きな冒険」と呼ばれるほど危険に満ちた試みです。今更、学問の上で大きな手柄を立てて名を挙げる必要など全くない伊藤氏を、この気宇壮大な冒険に駆り立てているのは、若年からの学問に対する情熱と、学問的には久しく停滞している金文学の現在を何とか打破したいという、真摯な学者としては当然もつであろう誠実さであると思います。伊藤氏は、この『周礼』という書物が、いまなお偽作説のある危険な書物であることを承知の上で、意図的に使用することを試みたと書いておられます。その根拠となっている考え方に、我々も耳を傾けておく必要があると思います。

このように、伝承資料である古典には、資料として使用する際に大きな制約があるのであるが、私はこの研究において、むしろ意図的に『周礼』などを使用することを試みてみた。それは、確かに大きな冒険であり、多くの方から批判を受けるであろう。然し、考えてみれば、たとえその成立年代が遅く、またその編者が誰であるかも不明であるとしても、それらは、中国の古代の学者達が、かくあったであろうとした一つの像であり、そこには何がしかの真実性をもった伝承が収められていると考えるからである。『春秋左氏伝』に伝えられる説話の内容がそのまま西周時代の一つの事件の具体的な事実であったと考えることは、私自身も毛頭考えてはいない。むしろそのような説話を通じて、ある制度にどのような理念を与えて考えていたか、或いは『周礼』というものによって、個々の官職の問題を考えるのではなく、どのような支配関係を考えていたか、それらによって金文資料を解釈し、一つの時代相を再構成してみようとする試みでもある。もしこの試みが失敗であれば、新しい方法を考え試みればよいと思う。伝承資料のもつ危険性に拘束されてその使用を控えることは、結局として、西周時代の復原が百年河清を待つことに終わるのではなかろうか。〔十一頁〕

伊藤氏の思いは、最後の「百年河清を待つことに終わるのではなかろうか」という言葉によく現われています。この大きな冒険に旅立たれた伊藤氏の情熱に、私は大きな拍手を送りたいと思っています。しかしそれにもかかわらず、孤独で長いこの旅の過程としては、まだ旅の発端といった趣で、芭蕉ふうに言えば、「矢立ての初め」といったところではないかと思います。そうした伊藤氏とは別の問題意識から、私もまたこの書物に対するアプローチの仕方を、自分なりに考えています。それは、『周礼』という書物が描き出す官僚構造が、実際的に見て、つまり機能的に見てどのようになっているかを、構造全体で捉らえる分析と総合とを試みる必要があるだろうということです。そしてことのついでに付け加えさせて頂きますならば、もう一つの重要な書物である『儀礼《ぎらい》』という書物が描き出す儀礼の構造を、構造主義や文化人類学を援用することによって、〈儀礼の場〉、或いは場としての意味、を具体的に分析することも必要であろうとも考えています。そしてそうした作業を行なう土台には、滝村隆一氏の国家論のような、古代国家の形成過程に対するしっかりした理解を持っておく必要があるだろうとも思っています。いずれにしましても、『周礼』や『儀礼』という書物は、こういう基礎的な作業をしておかないと、どこまで信じていいのかということすら摑めませんので、これを資料にして西周時代の復原作業を試みていても、つねに不安が伴うことになるのです。

二　伊藤氏の松丸道雄批判について

伊藤氏は、さきほど掲げました『中国古代国家の支配構造』の第一章に「西周金文とは何か」という重要な論文を配置しています。そこで、金文とはいかなる性格の文章であるのかを、説いておられるのです。まず結論的な一節を引用しておきます。

以上の如く、松丸氏の見解の検討を中心として本稿を論述して来たが、その結論は、西周の金文というものは、恩賞を与えられた者、官職に叙任された者が、自らその事実を青銅器に記録することによって、王或いは君主の恩寵に対して忠誠を誓うことを示すものであったということである。自らその銘文を作ることがその眼目をなしていたのであって、王或いは君主が作った文を強制的に使用させられたものではないのである。このことは、単に銘文の作製者が誰であるかという問題に対する解答であるばかりではなく、当時の支配・被支配の構造を考えるにも重要な問題を提起するものであった。即ち支配者が一方的に被支配者に恩寵を与え、それに対して被支配者が忠誠を誓うことによって、両者の関係が成立したのである。この関係は、支配者・被支配者という語によって表現することは寧ろ不適当と言うべきものであると言える。恩寵と忠誠に結ばれる君臣関係と言うべきものであって、両者の意志が合一することによって成立する関係といわねばならない。しかもこの関係は、王或いは君主から恩寵が与えられることによって始まるということも重要である。〔七十一頁〕

伊藤氏の松丸道雄批判の中心は、松丸氏が臣下に相当する者が作った青銅器の銘文は、王あるいは君主が作った文を強制的に使用させられたものである、という主張をしている点に向けられています。批判を浴びている松丸氏の論文は『西周青銅器とその国家』〔東京大学出版会一九八〇年〕に収められた「西周青銅器製作の背景――周金文研究・序章」と「西周青銅器中の諸侯製作器について――周金文研究序章その二」です。氏の論文はともに大変綿密な論証を経た、実証的な論文ですので、論証過程そのものは我々にとっても大変有意義なものになっているのですが、残念ながら肝心の結論を下す段階で不釣り合いなほど通俗的な解釈が示されるところに特徴があります。(3) つまり仮に同じ論証過程を辿っても、そういう結論にはならないだろうと思われるような結末になっているのです。

しかし逆に言えば、そのようにできるだけ客観的に論じようとしておられる態度は、大変誠意に満ちているわけで、いたずらに晦渋な文章でボロを出さないようにしている論文とは、峻別されるべきであろうとは思います。綿密な論証をしておられる部分は、それ自体が存在する意味があり、いつか別の人が別の機会にそれを利用しうるものになっています。私は松丸氏を、過剰に武装せずに、学問を開かれたものにしようと努力している誠実な学者、という意味で高い評価をしています。学者というものは、自らの存在をアピールすることも必要ですが、学問そのものを、誰もが共有できるような開かれたものにする努力も必要だと思うのですが、いかがでしょうか？　特に甲骨金文というようなもともと取っ付きにくい学問の場合、特にそのような必要性があると思います。それは学者として生きるという以前に、人間として生きる姿勢の問題だと常々思っています。松丸氏のことはこれくらいにしておいて、再び伊藤氏の支配構造論に還りたいと思います。

三　伊藤説の問題点

伊藤氏はこの君臣関係が成立する過程を次のように説明しています。

王から恩賞を与えられ、それに対して忠誠を誓うことによって、初めて君臣関係が成立

したものと考えられる。〔七十二頁〕

このような関係は、王とその臣である諸侯・領主との間に見られるだけではなく、諸侯・領主と農民層との間にも見られる。〔七十三頁〕

として、次のような説明を加えています。

したがって、周王を頂点とする当時の支配構造は、周王と領主層、領主層と士階層、或いは領主層と民との間に、それぞれ恩寵と忠誠、時には保護と服従といった関係が結ばれ、それが積み重なって成り立っていたと考えるべきものであったのである。決して常に上から支配を要求することによって成立するものではないのである。〔七十三頁〕

伊藤氏の仰っていることは、形式的なこと、現象的なことで言えばその通りだと思います。それに古代国家というのは、元来そのような結びつきによって成り立っているわけで、西周王朝特有の関係というほどのものではありません。伊藤氏も、古代国家の支配構造一般をそのように考えた上での発言なのだと思います。ここの所を松丸氏のように、支配者・被支配者という関係だけで捉らえてしまいますと、俗流マルクス主義に似たいささか即物的な理解の仕方になってしまって、支配の構造の内部に分け入ることができません。伊藤氏の松丸道雄批判は、むしろここに向けられるべきだと思います。しかし、臣下の立場に立って、個々の本音を改めて問うてみた場合には、忠誠を誓う時の気持ちの度合いも様々であるはずで、現象としての君臣関係をすべて本心だと言うわけにもいかないのではないでしょうか。

さて、そのような君臣関係の証しとしての金文とくに「冊命形式金文」が、伊藤氏の言われるごとく、「恩賞を与えられた者、官職に叙任された者が、自らその事実を青銅器に記録することによって、王或いは君主の恩寵に対して忠誠を誓うことを示すものであった」とするならば、そのような時期に「王権の衰退」が見られることとの関係が、説明されなければなりません。伊藤氏は同じ論文の別の所で、次のようなことを述べておられます。

〔西周後期になると〕本来対揚・作器・永宝用などの語によって王或いは君主に対する忠誠を表現した意味が次第に希薄になり、対揚云々の語が慣例的に用いられるに過ぎなくなったことを示していると考えられる。このような変化は、単に銘文の上での変化ではなく、基本的には周王の権威が衰え、恩寵に対する臣下の意識が低下したという西周後期の

時代的な特徴を示していると考えるべきであろう。〔六五頁〕

ここからはやはり、中期はまだ王権が強かったという見方がうかがわれます。しかしこのように、「冊命形式金文」の解釈としては、貝塚氏の「中央集権の増大」説を引きずりながら、王権そのものの衰退を同時に言うことは論理的に成立しません。伊藤氏はこの問題に関しては全く言及しておられませんので、案外「中央集権の増大」説に転向しているのかも知れませんが、どちらに転んだとしても論理的には苦しいところです。ここの所は、少々発想を変えるべきところではないかと思うのです。これから私自身の考えているところを述べてみますので、お聞き下されば幸甚に存じます。

第十二章　冊令（命）形式金文と中央集権の問題

一　冊令形式金文の持つ意味

これまで私がお話しして参りました考え方を踏まえて、結論的なことを最初に申し上げますと、穆王期あたりから現われる、いわゆる「冊命形式金文」は、「周王朝の中央集権的傾向の増大、確立を表わすもの」などではなく、むしろ西周王朝再建への努力であったと考えるべきではないか、ということです。別の言い方をしますと、官職への任命式という形態をとりながら、有力氏族たちを再編成することによって、王朝の分裂を避けようとした試みではないか、ということになります。無論そこには、多くの官職名が見られるわけですから、一見強固な「官僚機構」が存在するかのような外観を呈しているようには見えるのですが、それが即「官僚機構」の整備や完成を意味するわけではない、というのが私の理解の仕方なのです。そのように考えられる材料はこれまで述べて参りましたことの他に、王統譜がこの時期に出現すること、また王朝儀礼の歌謡がこの時期以降に成立すること、そして西周王朝の神話もまたこの時期以降に造られたことなど、その根拠と見られる事柄は少なくなく、その全てがこの考え方に加担してくれているように思われます。王統譜や歌謡・神話については、また後ほど改めてお話しさせて頂くと致しまして、(1)ここでは、「冊命形式金文」の内容そのものについて、具体的にお話ししてみたいと思います。

この度の一連の話しの中でも繰り返し申しましたように、西周時代の穆王期に「命」という文字が出現します。この「命」という文字は、「令」という文字に、命令を記した文書つまり策書を容れる器の𠙵形が加えられて出来上がったものです。詳しい考証はここでは省略しますが、(2)殷代の甲骨文字における命令の意味の文字は、すべて「令」という文字で表わされていました。また、西周時代に入ってからも、この穆王期に「命」という文字が現われるまでは、「令」だけが使われていました。そして「命」という文字の出現と相前後して、穆王の頃から「冊令」という語が現われます。金文学の中でこれを「冊命」と呼んできたのは、「令」を「命」と同じ意味で理解してきた歴史の現われです。従って、ここのところは本来の語形に忠実に「冊令」と称すべきでしょう。さてその「冊令（命）形式金文」が、「周王朝の中央集権的傾向の増大、確立を表わすもの」とは考えにくい理由を三点にわたってお話し致します。

二　冊令形式金文と官僚制の問題

先ず第一に言えることは、「冊令（命）形式金文」に見られる任命式がまだ定型化していないことです。このことは、武者章氏が「西周冊命金文分類の試み」〔『西周青銅器とその国家』前掲書所収〕という論文で綿密な考証を加えられた上、次のように結論されたことがあります。

冊命金文には典礼が見い出せず、特に冊命文中では様々な用語法が見られ、一貫した政策に基づいて王命が下されていたとは考え難い。〔三二四頁〕

全く同感でありますが、私なりに具体例を挙げながら話しを進めて行きたいと思います。先ず典型的な「冊令（命）形式金文」を見てみます。《大克鼎》(3)という、後期の青銅器の中で非常に有名なものの一つです。文も長文で二九〇字に及びます。先ずその第二段落から見てみます。

王才宗周、旦、王各穆廟卽立、𤕌季右善夫克入門、立中廷北郷、王乎尹氏、冊令善夫克。

（王、宗周に在り。旦《あした》に、王、穆廟に格《いた》り位に卽く。𤕌季《しようき》、膳夫克を右《たす》けて門に入り、中廷に立ちて北嚮《ほくきやう》す。王、尹氏を呼びて、膳夫克に册令せしむ。）

王が宗周にあり、早朝、穆廟に出御して、所定の位置に即いた。𤔲季なる人物が右者（輔佐役）として、膳夫の克の行動を輔佐しながら門より入り、中廷に立って、王のいる北に向いた。王は、尹氏を呼び、策（冊）書をもって膳夫克に命じさせた。こんな意味になります。

基本的な要件は一応出揃っている文章です。先ず、王が任命式の場所に出御します。ここでは、宗周の穆廟がそれです。宗周には、他に大廟（朝）や大師宮などもありそこでも任命式が行なわれています。言い換えれば、任命式が一箇所に決めて行なわれたのではなかった、ということにもなります。ただ一般的には、大室と呼ばれた場所で行なうことが多く、周の大室・周の般宮の大室・周師の量宮の大室・周師の駟馬宮《しばきゆう》の大室・周師の彔《ろく》宮の大室・周の康穆《こうぼく》宮の大室・周の康宮の大室等々、で挙行されていたことになります。また、宗周や周という西周王朝の都城内で行なわれる以外に、王が出向して行なう場合も少なくなく、奠（鄭）の大室・杜应の大室といった場合もあります。このことはまた後ほど触れることに致します。

所定の位置というのは、恐らく穆廟の壇上にあったもので、そこからいわゆる南面したわけです。後世の天子南面の原型と言っていいでしょう。

一方、命を受ける側ですが、たいてい右者が付いて受命者の行動を輔佐する形をとります。門から入り、任命を受ける広場（廷）の真ん中（中廷）に立って、王のいる北側に向く。いわゆる臣下北面です。

そしてこの後、実際の発令の役を受け持つもう一人の人物（尹氏）を召喚し、受命者に対してその人物から発令させるわけです。その際、命令を記した文書つまり冊（策書）がありました。おそらくそれを読み上げたのでしょう。冊令というのはこのようなことを指しています。これが穆王の頃から始まったわけで、それまでは、冊（策書）の存在を銘文の中に見ることはできません。勿論これまでの金文学者は、最初から策書があったと考えてきましたが、そうしますと、穆王期から急に「冊令」という語が現われ、それとともに、その「冊令」という語を一字で表わした「命」という文字が、ほぼ同時に出現したことの意味を説明することができません。こうした現象を偶然という言葉で済ませることは到底できないことです。

次の第三段落からが冊令の内容ですが、土地の賜与のことがとても多く、少々煩雑ですので、重要な点だけに触れたいと思います。

王若曰、克、昔余既令女、出内朕令、今余隹⿰鬲肅𩫏乃令、易女叔市・參冋・茾悤、易女田于埜、昜女田于滍、昜女丼家𠛱田于畇、𠂤厥臣妾、昜女田于康、昜女田于匽、昜女田于陴原、昜女田于寒山、昜女史小臣霝龠鼓鐘、昜女丼退𠛱人、𥎦昜女丼人奔于量、敬夙夜、用事、勿灋朕令

（王かくのごとく曰く、克よ、昔、余既に汝に令して、朕が令を出納せしむ。今、余これ 乃《なんぢ》の令を緟稾《しようきやう》す。汝に叔市《しゆくふつ》・參同《さんけい》芻恖《ちゆうそう》を賜ふ。汝に田を埜《や》に賜ふ。汝に田を滍《ひ》に賜ふ。汝に丼家の𠛱《もち》ふる田を畇《しゆん》に賜ふ。厥の臣妾と以《とも》にす。汝に田を康に賜ふ。汝に田を匽《えん》に賜ふ。汝に田を陴原《ふげん》に賜ふ。汝に田を寒山に賜ふ。汝に史小臣・靈龠《れいやく》・鼓鐘を賜ふ。汝に丼退《けいちやう》の𠛱《もち》ふる人を賜ふ。併《あは》せて汝に丼人の量《りやう》に奔《はし》れるを賜ふ。夙夜《しゆくや》を敬《つつ》しみて、用て事《つか》へ、朕が令を灋《す》つること勿れと。）

王は、このように申された。克よ、昔、余は汝に朕の令の出納を命じた。そして今は、汝への命令の確認をする。それで、汝に叔市《しゆくふつ》（白地の市）・参同《さんけい》芻恖《ちゆうそう》を賜与するのである。汝に埜《や》の田を与える。滍《ひ》の田を与える。丼家の用いる畇《しゆん》の田を与える。また厥の臣妾（徒隷）をも含めることとする。康の田を与える。匽《えん》の田を与える。陴原《ふげん》の田を与える。寒山の田を与える。汝に史小臣（祝史の下層のもの）・霊龠《れいやく》（楽官）・鼓鐘（楽官）を与える。丼退《けいちょう》（人名）の管理下にある人僕を与える。また併せて、汝に丼人の量に出奔した逃亡者（不自由人）を与える。夙夜をつつしみてもって仕え、朕の令をないがしろにするなかれ。

ここで王が膳夫克に発したのは、「王令」の出納を掌ることを再任することです。膳夫というのは、名称から見るなら、王室の家政を掌るかと思われるのですが、ここでは最も重要な「王令」の出納を命じている内容になっています。「王令」の出納ということで言うなら、前にも見ましたように内史が掌っていた筈ですが、ここでは、膳夫がその職事の再任を受けています。またここで「余」と記しているのも、この時の王を指すと解釈されやすいですが、後で詳しくお話ししますように、先王を指す言葉です。従って、この時の発令の主旨は、先王の時にすでに命じてあった王令出納の職事を、ここで再任するというわけです。しかし、官職名とその職事内容とは、必ずしも一致しておりません。このことも、整然たる官僚制の存在を疑わしむるに足る材料です。

三　口頭による発令とその場所

第二に言えることとは、王朝内の宮殿で任命式が行なわれる例の他に、王が出向して任命式を行なう例がとても多いということです。このことは我が国の律令国家の場合と比較するとよく分かります。我が国では、律令国家の初期においても、王が出向して任命する例はなく、任命式はもっぱら太極殿で挙行されました。そして興味深いことには、任命を受ける者が参内した後、文書に依って発令されるのではなく、口頭つまり肉声でなされたのです。このへんの歴史的考証は、早川庄八氏の一連の論文が大変具体的で精密です[4]。こうした口頭による発令が、後の紫式部や清少納言の時代に至ってもなお引き続き行なわれていたことは、『枕草子』の「すさまじきもの」という文章を読むとよく分かります。これは、高校の「古典」の教科書などには必ずといってもいいほど載っている有名な文章で、よくご存知だと思いますので、該当する箇所だけを抜き出してみます。「除目に司得ぬ人の家。云々」の条です。

除目《ぢもく》に司《つかさ》得ぬ人の家。「今年は、かならず」とききて、はやうありしものどもの、ほかほかなりつる、田舎だちたるところに住むものどもなど、みなあつまり來て、出で入る車の轅《ながえ》にひまなく見え、物詣《まう》でする供に、「我も我も」とまゐりつかうまつり、物くひ酒のみ、ののしりあへるに、果つる曉まで、門叩く音もせず。

「あやしう」

など、耳立ててきけば、前驅おふ聲々などして、上達部など、みな出でたまひぬ。物ぎきに、夜より寒がりわななきをりける下種男、いともの憂げにあゆみ來るを、見るものども

は、え問ひにだに問はず。外より來たるものなどぞ、

「殿は、何にかならせたまひたる」

など、問ふに、いらへには、

「何の前司にこそは」

などぞ、かならずいらふる。まことに頼みけるものは、「いと嘆かし」と思へり。つとめてになりて、ひまなくをりつるものども、一人、二人、すべり出でて、去ぬ。ふるきものどもの、さもえいき離るまじきは、來年の國々、手を折りて、うちかぞへなどして、ゆるぎありきたるも、いとほしう、すさまじげなり。〔第二十二段より〕(5)

我が国の古典をよりよく理解する意味でも、ここは的確に捉らえておく必要があります。清少納言の時代は、律令国家の初期から数えてすでに三〇〇年ばかりたっていましたので、文書政治が十分に浸透していた時代です。しかしそれにもかかわらず、こと任官に関してはすべて口頭で行なわれていたわけです。この場面は、任官の可能性の高い家に親戚縁者が大勢集まって来て、今か今かと期待して待っているところです。作者の筆はなかなか冴えていて実にリアルですし、どことなく悲哀とユーモアが漂っています。ここにいう「すさまじ」とはまさにそのような、さんざん気を持たせた挙げ句に期待外れに終わってしまった感情をいう言葉であり

ます。
さて、我が国における任命式の実体を見る意味で、よくご存知の文学作品を見てみたわけですが、これを、正倉院文書などの歴史資料に基づいて実証的に追求してこられたのが早川庄八氏であります。そして更に重要なことを先走って申し上げますと、こうしたことを、我が国の古代学の祖とも言うべき折口信夫氏が随分以前に、一連の祝詞論の中ですでに述べていることは、案外知られていないことではないかと思います(6)。このことはいずれ別の機会にお話しするつもりをしておりますので、ここでは詳しくは述べません。ただ興味深いことは、折口信夫氏一流の直感的な洞察かと思われた考え方が、それとは全くアプローチを異にした実証史学の考証から導き出されてきた、ということです。早川氏は折口の名前を全く出されないだけに、重要な意味があると思います。そうは言いますものの、実は、古代王朝においては、どこの場合でも、このような肉声による発令に重要な意味があったことは、最近の民族学の研究によって明らかになりつつある事柄です(7)。

話しがかなり横道に逸れました。本題に戻りましょう。王が、周の都城以外に出向して、発令を行なったのではないかと思われる場所は、次のような所です。

庚嬴《こうえい》宮・□宮・□应・奠大室・減应・華宮・呉大廟・[illegible]侲宮・射日宮・成宮

また、都城内で行なう場合でも、今し方申し上げたように、後世のごとく特定の場所に固定されてはいなかった、という点で、「中央集権的な傾向」が増大したり、確立したり、というふうには考えにくいのです。今、周・莽京《ほうけい》・宗周・成周に分けて、列挙してみましょう。

〔周〕

大室・康寝《こうしん》・新宮・師汓父《しゅうほ》宮の大室・成大室・般《はん》宮の大室・新宮の射盧《しゃろ》・大廟・師嗣《しし》馬《ば》宮の大室・師彔《しろく》宮の大室・師量《りょう》宮の大室・康宮の大室・穆王大室・康卲《こうしょう》宮の大室・図室・廟の図室・康穆宮・康穆宮の大室・康宮の穆大室・康剌《こうれつ》宮・卲宮の宣射・康廟・碼宮の廟・康宮

（注）周の師嗣馬宮などは、周師の嗣馬宮と讀むべきかも知れません。

〔莽京《ほうけい》〕

溼《しゅう》宮

〔宗周〕

大廟・大師宮・穆宮

〔成周〕
嗣土淲《しとこ》宮の大室

このように見て参りますと、冊令が、特定の場所で行なわれたのではないこと、一目瞭然であります。

四　貴族の世襲制という捉え方――先王、余と汝

第三に、貴族の世襲制と言われるほどの制度は存在しなかったのではないか、ということです。しかしこの貴族の世襲制という言い方には、かなり曖昧なものを含んでいます。それでこの「貴族」という概念についてもこだわっておく必要があります。「貴族」とは、王朝の中核を形成している「豪族」のことですが、それはあくまで王朝の存在を前提とした概念です。古代王朝そのものは、その豪族たちの連合を中核として成り立っているわけですから、これら有

力な豪族の連合の仕方いかんによっては、古代王朝が安定したり不安定になったりもする要素をもともともっていることになります。

もしも、貴族の世襲制が存在していたとするならば、それは、王室を中心とした豪族の連合国家が、彼らの結束を堅固にしていた現われともなるのですが、西周王朝の中期に当たる穆王期から共王期にかけての、この時期の西周王朝がそうであったかどうか、私ははなはだ疑問に思っているのです。この疑問は、昭王水死の延長上に浮かび上がってきたものではなく、この時期の銘文を読んでいてそのような結論を出さざるをえないということであります。

ただこの問題は、共王期以後の西周王朝を、「王朝の体制が安定した秩序をもつに至った」と考えておられた白川静氏などが、その根拠の一つを貴族の世襲制に見ていたわけですから、我々の話しは、今とても大事な問題に対面していると申し上げていいと思います。さてその貴族の世襲制が存在したと考えられてきた根拠がどこにあったのか、と申しますと、先王から任命された官職を、現在の王から再度任命を受けるという趣旨の、一連の「冊令（命）形式金文」の存在です。これを便宜上、再任型「冊令（命）形式金文」と呼んでおきます。説明のために、《師𤸫《しうんき》𣪘》を例にとりましょう。

先王既令女、今余唯𤔲先王令、（令）女官𤔲邑人師氏《師𤸫𣪘》

（先王既に汝に令したまへり。今余これ先王の令を緟《つ》ぎ、汝に令して邑人師氏を官嗣《くわんし》せしむ。）

最初に申し上げなければならないことは、王が交代する毎に、官職を再任されたということではない、ということです。ここでは「先王」の意味が問題になります。「先王」という語は誤解されやすいようですが、「前王」の意味ではありません。「先王」は、金文資料の中では、「祖考先王」《宗周鐘》や「先王先公」《也毀》、「先王其嚴在上」（先王其れ厳として上に在り）《猶鐘》というように使われていることから考えましても「前王」ではなく、「祖先の王」の意味です。その上、「昔」の語を加えて「昔先王既令女」とする例の方がむしろ多いわけですから、「祖先の王」の意味と見るべきでしょう。このことは言い換えますと、「先王」がどの王を指すかは即座に特定できない、ということでもあります。「前王」を具体的に言うのであれば、しばしばそうされているように、「穆王」などと王の謚号を使うところです。(8) この点、西周時代の銘文資料に近い時代の文献である「尚書」や「詩経」の用例と一致しているのかどうか、確かめておきましょう。ただ、本格的にやり出しますと、大変ですので、あまり煩瑣にならない程度にとどめたいと思います。

「先王」の用例は、「尚書」に四二例、「詩経」に三例見えます。先ず「尚書」から。「尚書」

は「虞夏書」「商書」「周書」と大きく分けられているのはご存知の通りですが、そのうち成立の怪しい偽古文に出てくる例が二三あって、半数を超えています。残る一九例の内訳は、「商書」に一〇例、これは主として「盤庚」篇（八例）に出てきます。「周書」には九例出てきます。ここでの目的からしますと、この「周書」の九例に絞るのが賢明でしょう。

①周公曰、未可以戚我先王〔「金縢」〕
（周公曰く、「未だ以て我が先王を戚《うごか》すべからず」と。）

②嗚呼、無墜天之降寶命、我先王亦永有依歸〔「金縢」〕
（ああ、天の降せる寶命を墜すこと無くんば、我が先王もまた永く依歸するあらん。）

③周公乃告二公曰、我之弗辟、我無以告我先王〔同前〕
（周公乃ち二公に告げて曰く、「我もし辟《さ》けざれば、我以て我が先王に告ぐる無けん」）

④先王既勤用明徳、懷爲夾、庶邦享作、兄弟方來〔「梓材」〕
（先王既に明徳を用ひて、懷《きた》りて夾《たす》けしむることを勤めたれば、庶邦享《さき》げ作し、兄弟方《なら》び來れり。）

⑤皇天既付中國民、越厥彊土于先王〔同前〕
（皇天既に中國の民とその彊土とを先王に付す。）

⑥肆王惟徳用、和懌先後迷民、用懌先王受命〔同前〕

（肆《いま》王惟れ德を用ひて、迷民を和懌先後し、用て先王の受命を懌《つ》がん。）

⑦矧曰其有聽念于先王勤家〔「多士」〕

（矧《いは》んや、其れ先王の家に勤めしを聽念すること有りと曰はんや。）

⑧此厥不聽、人乃訓之、乃變亂先王之正刑、至于小大〔「無逸」〕

（これ厥れ聽かずして、人乃ちこれに訓《したが》はば、乃ち先王の正・刑を變亂すること、小・大に至らん。）

⑨今予一二伯父、尚胥曁顧、綏爾先公之臣服于先王〔「康王之誥」〕

（今予が一二の伯父よ、尚くは胥曁に顧ひて、爾が先公の　先王に臣服せしを綏げよ。）

こうして具体的な用例を実際に見て見ますと、これらの文献の成立についても改めて疑問が湧いて来ます。例えば、「金縢」篇に見えます「天之降寶命」（天の降せる寶命）などという語は、一見するといかにももっともらしく見えますが、銘文の用例では、こういう修辞はありません。天が降すのはもっぱら「喪」であります。例えば《禹鼎》などには「天降大喪于下或」（天大喪を下國に降す。）としています。「天命」は降されるものではなく、むしろ受けるものだったわけで、例えば有名な《大盂鼎》の例を引きますと、「不顯玟王、受天有大令」（丕顯なる文王、天の有する大令を受けたまふ。）と刻されています。それに「寶命」という語はいかにも修飾過剰の語で、銘文の中では使われないものです。私自身は、そこに後世の人間の発想による潤色を見る思いがします。こういう例を見ますと、「金縢」篇はずっと後の世の成立ではないかと自然に思えてくるわけです。事実、「尚書」の研究者の間では、東周時代の成立ということになっていて、私もその方が収まりがよいように思っています。

武王が病気になった際に周公が作ったと伝えられてきた「金縢」篇では、「先王」は文王以前の「祖先の王」を指しているようです。用語の上では、「金縢」篇よりも古いものを保存しているように見える「梓材」篇は、成王の時のものと伝えられてきたわけですが、この成王から見ての「先王」も、文王以前の「祖先の王」を指しているようです。「多士」篇の「先王」は殷王朝の先王を指しています。「無逸」篇もまた後世の潤色が感じられるものですが、周公の作であることを前提に考えると、この「先王」も文王以前の「祖先の王」を指していることになります。康王の時のものとされてきた「康王之誥」篇の「先王」は、康王の時の作であることを前提とすれば、武王・文王あるいはそれ以前の王を指しています。しかしこの作品の成立は、後で改めて触れますように、とうてい康王の時代とは思われません。従って「先王」は漠然と「祖先の王」を指すものだと言わざるをえないのですが、「先王」とはそのように漠然と「祖先の王」を指すものなのか、改めて問い直しておく必要があると思います。なぜなら、これまで見て来た「周書」に見える「先王」はその大半が、文王以前の「祖先の王」特に文王を指しているからです。武王をも含むかどうか、やや微妙なところさえあります。

次に「詩経」の三例を見てみましょう。

①吉蠲爲饎、是用孝享、禴祠烝嘗、于公先王、君曰卜爾、萬壽無疆 〔「小雅」鹿鳴之什「天保」四〕

（吉蠲《きつけん》を饎《し》と爲す、是《こ》れ用て孝享す、禴《やく》・祠《し》・烝《じやう》・嘗《しやう》、公と先王に于《お》いてす、君曰く、爾《なんぢ》を卜《ぼく》するに萬壽無疆《ばんじゆむきやう》ならむと。）

②其在于今、興迷亂于政、顚覆厥德、荒湛于酒、女雖湛樂從、弗念厥紹、罔敷求先王、克共明刑 〔「大雅」蕩之什「抑」三〕

（其れ今に在りて、興《おこ》りて政を迷亂《めいらん》し、厥《そ》の德を顚覆《てんぷく》し、酒に荒湛《くわうたん》す、汝 湛樂《たんらく》して從ふと雖《いへど》も、厥《そ》の紹《つ》ぐことを念《おも》はず、敷《あまね》く先王に求めて、克《よ》く明刑を共《と》ること罔《な》からんや。）

③昔先王受命、有如召公、日辟國百里、今也日蹙國百里、于乎哀哉、維今之人、不尚有舊 〔「大雅」蕩之什「召旻」七〕

（昔先王 命を受けたまひしとき、かの召公あり、日に國を辟《ひら》くこと百里なりしに、今や日に國を蹙《せば》むること百里、ああ哀しいかな、これ今の人は、舊有るを尚《たつと》ばず。）

『詩経』は、その成立時期に重要な意味があります。これについては後ほどまた改めて触れることにしますが、[9]取り敢えずここで申し上げておきたいことは、『詩経』諸篇のうち比較的成立の早い「周頌」や「大雅」でも西周時代中期初頭の穆王期よりも遡ることはあるまい、ということです。ということは、「先王」の用例を見るために引用している詩篇は、今検討している銘文とほぼ同時代の作品と見てもよいわけで、大変興味深いものがあります。

小雅・鹿鳴之什の「天保」は祖先の祭りで歌われたものですが、「公と先王」はかなり漠然とした使い方をしています。大雅・蕩之什の「抑」は、一種の教訓詩で成立は内容から見て西周時代後期と見てよいようです。ここでの「先王」も漠然と「祖先の王」を指しています。大雅・蕩之什の「召旻」も、西周時代後期のもので、西周王朝滅亡直前の荒廃の様がうかがえますが、ここでの「先王」は受命の王である「文王」です。

さて、こうして「尚書」と「詩経」に見える「先王」の用例を具体的に検討してみますと、「先王」という語は、尊敬の念をこめながら漠然と「祖先の王」を指してはいるものの、具体的には「文王」のイメージが濃厚に漂っている、と考えていいのではないかと思います。またそれだけに、「先王」を含む文章や詩篇の成立をかなり早い時期に想定してしまいやすいのではないか、というのが私の考えであります。

次に、「女（汝）」の概念です。これを、現在の我々が普通に想起する、近代的な意味での「我」「汝」の「汝」と考えてしまいますと、大きな誤りを犯すことになります。この銘文に用いられている二つの「女（汝）」は、あたかも同一人物のように受け取られがちですが、そうではありません。先ず、「（昔）先王既令女」（昔　先王既に汝に令したまへり）に出てくる「女（汝）」は「先王」の代に命を受けた人物です。そして「今余唯〓先王令、（令）女官嗣邑人師氏、」（今余これ先王の令を緟《つ》ぎ、汝に令して邑人師氏を官嗣せしむ。）の「女（汝）」は、今次《こんじ》に冊令（命）を受けている「女（汝）」であるわけですから、時代的な隔たりがかなりある筈です。「昔」と「今」が、そうした時間の隔たりをも表わしています。つまり「女（汝）」という語は、任命を受ける族長としての「女（汝）」という意味で使われているわけです。もっとも、この文例だけですと、この「汝」が大変長寿であって、同一人物であったかも知れない、という疑問をお持ちになるかも知れませんが、「昔先王既令女……、今余……令女……」という文型は、頻繁に出て参りますので、今申しました解釈に結局は落ち着くことになります。

さきほどの銘文は、昔先王は汝に命じられたことがあった。今余は先王の令を受け継ぎ、汝に邑人師氏を掌るよう命じる。といった意味になります。

ところで、今見て頂いた《師瘨殷《しうんき》》には出て来ませんが、少し後の銘文になりますと、「先王」の代りに「余」を用いる場合が出てきます。例えば次のような場合です。

昔余既令女、今余隹緟𦣞乃令、令女叓乃且考、䟽嗣左右虎臣《師克盨》
（昔、余既に汝に令したり。今余これ乃《なんじ》の令を緟𦣞《しょうきやう》す。汝に令して乃の祖考を更《つ》ぎ、併《あは》せて左右虎臣を嗣《おさ》めしむ。）

この銘文は、その「昔」、「余」は「汝」に任命したことがある。「今」、その時の命令を再認して、「汝」に命令を発するのであるが、「汝」は「汝」の祖考の官職を受け継ぎ、併せて左右虎臣をも掌れ。そんな意味になります。ただ注意して頂きたいのは、この「汝」は、自分自身が任命された官職を受け継ぐというのではなく、祖考が任命された官職を受け継いだ上で、さらに左右虎臣という官職にも任命されている、ということですから、この「余」は「先王」の意味でないと文意をなしません。「女（汝）」と同じように、「余」の概念も、近代的な一人称としての「余」ではないわけです。つまり、ここで用いられている「余」は、任命式の場における、受命者「女（汝）」に対して、発令者である王の自称として用いられている「余」でありまして、その時々の王個人を表わす「余」ではないということです。

このように考えて参りますと、再任の内容をもつ金文の解釈としては、わが祖先の王が、汝の祖先に任命した官職を、ここで再度任命しておく、という解釈に落ち着くのではないかと思います。

五　先王と文武の道――《毛公鼎》

以上にお話しした内容を踏まえた上で、《毛公鼎》という後期の銘文を見てみますと、さらにもっとはっきりしたことが分かってきます。この《毛公鼎》は後期の、特に厲王が亡命した後の、共和期以後の政治情勢をかなりよく傳えている銘文で、王が、王朝の危機を訴えて、毛公という重要人物に執政を托する内容になっています。四九九字という最大の長文ですので、要約しながら、ポイントに入っていきたいと思います。

王は、冒頭に、西周王朝草創期の王である文王・武王の栄光を讃えながら、天が周に下された大命の根拠を確認します。文武に続く王たちもまたその余栄のおかげで、安定を保ってきたのだと振り返りますが、それに引き替え、今は、王自らの不徳のために、天の怒りを蒙って、国家も四方も大いに乱れ騒然たる状態であると、王は反省します。そしてその後、毛公、に対し、先王の命を受けて、汝に執政として邦と家との内外を治めることを命じるというわけです。難解な言葉も多く、細部まで正確に読むことは難しいですが、最初の三分の一を要約すれば以上のようなことになります。

その後王は、毛公が王の忠臣としてよく仕え、邦の大事小事をよく謀って、先王の憂いとならぬようにと、国事を托する言葉が続きます。そして内容が次第に経済方面の細部に亙っていった上で、今後は王命の出納や政令の施行については、先ず毛公の同意と指令によって実施するようにという、いわば王の代理の依頼かとも思われる言葉が続くわけです。日本の古代に擬えるならば、毛公は太政大臣に相当する地位にあったようですが、この文面から見る限り、西周王朝にあってはまだ、さほど整った官僚機構があったとも思われません。

さてそうした上で、今し方見て参りました文型が登場してきます。ここは少し詳しく見てみましょう。

王曰、父厝、今余唯䜌先王命、命女亟一方、冋我邦我家、毋頓于政、勿雝逮庶□寘、毋敢龏橐、龏橐廼敄鰥寡、善效乃友正、毋敢湛于酉、女毋敢彖、才乃服、圂夙夕、敬念王畏不睗、女毋弗帥用先王乍明井、俗女弗㠯乃辟圅于囏

王曰、父厝、巳、曰、彶兹卿事寮大史寮、于父即尹、命女、䝅𤔲公族雩參有𤔲、小子

師氏虎臣雩朕褻事、㠯乃族、干吾王身、取賷卅寽

(王曰く、父厝《あん》よ。今余これ先王の命を纒《つ》ぎ、汝に命じて一方に亟《きみ》とし、我が邦我が家を㘣《おほい》ならしむ。汝、政に頵《みだ》るること毋《な》く、庶□の貯を壅遠《ようれん》すること勿れ。敢て龔橐《きようはう》すること勿れ。敢て龔橐するときは、廼ち鰥寡《くわんか》を敄《や》ましめむ。乃《なんぢ》の友正を善效し、敢て酒に湛《しづ》むこと毋れ。汝、敢て墜《おと》さず、乃《なんぢ》の服に在りて、夙夕を豳《つつし》み、王畏の易《やす》からざるを敬念せよ。汝、先王の作りたまへる明刑を帥用《そつよう》せざること毋れ。汝の、乃《なんぢ》の辟《きみ》を以て艱《かん》に圅《い》れざらむことを欲す。

王曰く、父厝よ。巳《ああ》、曰《ここ》に、茲《こ》の卿事寮・大史寮に彶《いまし》め、父《ほ》に于《おい》て卽きて尹《ただ》さしめよ。汝に命じて、併せて公族と參有嗣《さんいうし》、小子・師氏・虎臣と、朕が褻事《せつじ》とを嗣《おさ》めしむ。乃の族を以《ひき》いて、王の身を攼敔《かんご》せよ。賷《ちよう》三十鍰《くわん》を取らしむ。)

王は言う、父厝よ。この度は、余が、先王の命を継承して、汝に一方面(領域)を治める君とする。それで汝は、我が邦・家の勢を盛んにせよ。また政事によくつつしんで、庶民の蓄えを妨げたり、搾取することのないようにせよ。また、敢て一律に課税したり、貧富の別なく賦貢を徴したりすることのないよう。もしもそんなことをすれば、負担能力のない者にとっては残酷な仕打ちとなるだろう。また、汝の下僚を良い方向に指導して、敢て酒に溺れることなどなきよう

にせよ。そして余の命《めい》を墜すことのないようにするのだ。汝の職事を保持し、夙夕の祭事をつつしんで行ない、王権の易からざるをよくよく敬え。汝は、先王の作りたまえる明刑をそのまま継承して用いよ。汝が、汝の主君を艱難に陥れることのないように望むものである。

王は言う、父厝よ。おお、この卿事寮〔行政系統〕・大史寮〔祭祀官系統〕の職事において自ら戒めつつしみ、父の監督に従わしめよ。また汝に命じて、兼務職として、公族・参有司の小子・師氏・虎臣と、朕の褻事とを治めしむる。汝の族人を率いて親衛隊とし、王の身を護衛せよ。その報償を与える。

さきほどから見て参りました、「今余隹（唯）黼豪乃令」（今余隹乃《これなんぢ》の令を黼豪《しょうきやう》し）が、ここでは、「今余隹黼先王命」（今余隹《これ》先王の命を緟《つ》ぎ）となっています。「乃の令」（先王が汝に下された令）が、「先王の命」になっているわけですが、意味の上では大きな差異はありません。そして、この銘文の書かれた時の西周王朝の状態はといいますと、厲王が亡命した後の、危機感に満ちた状態だったわけで、『史記』の「太史公自序」に「幽厲之後、王道缺、禮樂衰」（幽厲の後、王道缺け、禮樂衰ふ）と記されていた通りです。以前見ましたように、あの、昭王水死の後に即位した穆王の時代が、「穆王卽位、春秋已五十矣、王道衰微、穆王閔文武之道缺」（穆王位に卽きしとき、春秋已に五十なり。王道衰微す。穆王　文武の道の缺くるを閔れむ。）と記されているのとほぼ同じ状態にあったと言っていいと思います。少なくとも「史記」の作者はそのように認識していたわけです。ただ、この《毛公鼎》の文面から見ますと、危機的状態は穆王期のそれよりも一層深刻であったと言っていいかも知れません。あらためて申し上げるまでもありませんが、その後、宣王、幽王と続いた後、西周王朝はもはや恢復不可能な状態に陥って、幽王の死を契機に、洛陽に遷都するに至るわけですから。

このように考えてきますと、先ほどからずっと問題にして参りました「先王」なる概念が、「文武の道」を恢復しようという願いをこめて使われているとするならば、西周王朝草創期の王であり、すでに伝説化されてもいたらしい、「文武（文王・武王）」特に「文王」を強く意識して用いられていることが分かります。これはすでに見て頂いた「尚書」や「詩経」における「先王」の概念とほぼ一致するものであります。

さて、この銘文そのものは、私たちが追究しておりますような、事実関係を明らかにするという性格のものではありません。もっぱら、この任命式に臨む王と受命者との関係が、西周王朝草創期以来の君臣関係にあることを確認するところに力点があったわけで、先回の任命ということが事実であったかどうかということは、二次的なことになって参ります。こうしてみますと、再任型の「冊令（命）形式金文」は、これまで言われてきた、貴族の世襲制を物語るものなどではなく、むしろ、王朝の分裂を回避しようとして行なわれた、王朝再建への努力の現われであったと見るのが、極めて自然な理解の仕方なのではないかと考える次第であります。

第十三章　王統譜の出現

一　殷王朝の王統譜と西周王朝の王統譜

西周王朝歴代の王の名は、『史記』の「周本紀」によって知られますが、また青銅器に彫られた銘文にも出てきますので、西周王朝が実在したことは断言してよいだろうと思います。なぜこのような妙な言い方をするのかと申しますと、周王朝の前の殷王朝の場合、歴代の王の名が『史記』の「殷本紀」には記されていたものの、考古学的資料としては長い間確認できるものがなかったため、伝説の王朝のイメージすらあったからです。しかしそれも、二十世紀に入って甲骨文の資料が続々と出土するうちに、王の系譜が記された甲骨も発見されるにいたって、ようやく殷王朝の実在性を確認することができるようになったという経緯があったわけです。その甲骨には次のように刻されています。

乙未、酉彡系品。上甲十、報乙三、報丙三、報丁三、示壬三、示癸三、大乙十、大丁十、大甲十、大庚七、米三□、（大戊□、中丁）三、祖乙十、（祖辛□）、……」〔粹編一一二〕

上甲・報乙・報丙……というように王名が列挙されています。「殷本紀」では次のようになっていて、若干の異同がありますが、「殷本紀」がかなり確かな伝承によっているということが分かります。

報乙・報丙・主壬・主癸・湯〔天乙〕・(太丁)・外丙・中壬・太甲・沃丁・太庚・小甲・雍己・太戊・仲丁・外壬・河亶甲・祖乙・祖辛……、

一方、周王朝の場合は、考古学的資料が青銅器の銘文になりますから、王の系譜が記された銘文の発見が重大な意味をもってきます。しかし、銘文に見られる西周王朝歴代の王の名は、左に掲げますように個々に断片的に記されるだけで、甲骨に見られた王統譜のごときものは長い間未発見のままだったのです。

①不顯考文王、事喜上帝、文王臨才上《天亡𣪘》
②烏虖、不𠙵丮皇公、受京宗懿釐、毓文王王姒聖孫。……文王孫、亡弗褱井、亡克競厥剌《班𣪘》
③不顯玟王、受天有大令、才珷王、嗣玟乍邦《大盂鼎》

④复□珷王豐福、自天、……昔才爾、考公氏克逨王、肆玟王受玆〔大令〕、隹珷王既克大邑商、
則廷告𥝌天曰、余其宅玆中或、自之辪民《𠕇《か》尊》
⑤公束鑄武王成王異鼎《作册大方鼎》
⑥隹四月、辰才丁未、□□珷王成王伐商圖、诰省東或圖《宜《ぎ》侯《こう》矢《そく》𣪕》
⑦王曰、中、玆褔人、大史易于珷王乍臣《中方鼎二・三》
⑧成王隮《成王方鼎》
⑨唯成王大𠦪、才宗周《獻侯鼎》
⑩□□、用啻周王□王成王《小盂鼎》
⑪王啻用牡于大室、啻卲王《剌《れつ》鼎》
⑫隹六月既生霸、穆王才葊京、乎漁于大池、王卿酉、遹御亡遣、穆王親易遹䧹、遹拜首䭫首、
敢對揚穆王休、用乍文考父乙隮彝、子〻孫〻、永寶《遹《いつ》𣪕》
⑬隹三月初吉丁亥、穆王才下減、穆王卿醴、卽井白、大祝射、穆王薎長由应、卽井白《長《ちょう》由《し》盉《か》》
⑭隹王元年六月既望乙亥、王才周穆王大〔室〕《曶《こつ》鼎》
⑮隹四月初吉甲午、懿王才射盧、乍象𢍏《匡卣《ゆう》》

それに前に申しましたように、「周本紀」の記事そのものが『詩経』の大雅などの詩篇に基づいて作成された節があるのですから、(1)周王朝の実在性を疑う向きに対しても、一笑に付すわけにもいきませんでした。そういう状態であったところへ、一九七六年十二月十五日に、陝西省の扶風県法門公社荘白村の窖穴から大量の青銅器が出土して、(2)その中から王統譜を刻した《史牆盤》が発見されたのです。これは金文学の上でも歴史的な事件であったと言っても過言ではありません。この扶風県は、西周王朝の故地であるいわゆる周原の中心部に位置するところで、斉家溝という川を挟んだ西の対岸にある岐山県と並んで、古来著名な青銅器が多数出土している所としてよく知られています。また同じ扶風県の召陳村から西周時代の宮殿群の一部が姿を現わしたことでも、近年ますます注目を集めているところでもあります。(3)その一角をなす西周時代の豪族の住居址と見られる遺跡附近の窖穴から、その《史牆盤》が出土したのです。周原では、豪族所有の青銅器は、普通その住居址附近に分散して埋蔵されている場合が多いので、(4)史牆という人物の居館もそこにあった可能性が高いと言っていいと思います。そのような重要な発見であった《史牆盤》ですが、その銘文には難解な語が多く、十分に読解できたとは申せませんが、私たちの問題意識に沿ってアプローチしてみたいと思います。

【補記】西周王朝の王名を時系列で記した銘文には、陝西省眉県出土(二〇〇三年)の《逨盤》の一群もあるが、王統譜というよりも、代々王に仕えた家の歴史を記したものなので、今はとりあげない。

二　西周王朝の王統譜――《史牆盤》

曰古文王、初斆龢于政、上帝降懿德、大甹、匍有上下、迨受萬邦、𩵦圉武王、遹征四方、達殷畯民、永不巩、狄虘光、伐尸童、害聖成王、ナ右綬綅剛鯀、用肇𢽈周邦、𡶜悊康王、家尹啻彊、宖魯卲王、廣能楚荊、隹寏南行、𦘠䙐穆王、井帥宇誨、䌛盜天子、天子𩓸屒、文武長剌、天子𩓸無匄、寒祁上下、亟獄逗慕、昊炤亡斁、上帝司燕、允保受天子綰令、厚福豐年、方緜亡不俎見

青幽高且、才散霝處、雩武王既𢦏殷、散史剌且、迺來見武王、武王則令周公、舍寓于周卑處、甬叀乙且、逨匹厥辟、遠猷腹心子𠬝、𤔲明亞且且辛、𡩜毓子孫、繁猶多孷、齊角𩂣光、義其禋祀、害屖文考乙公、遽趬𢑒屯、無諫農嗇、戉𣞩隹辟

孝𧹎史牆、夙夜不㒸、其日蔑曆、牆弗敢取、對揚天子不顯休令、用乍寶障彝、剌且文考弋𡨦、受牆爾𧪂、福褱猶彔、黃耇彌生、龕事厥辟、其萬年永寶用

前半が文王以下穆王に至る六王の名を記す王統譜、後半は牆の家系を高祖から牆自身に至る

五代の名を記す家系譜となっていますが、ここでは前半の王統譜に注目して簡単に辿ってみましょう。銘文は冒頭から、王の即位の順に、その徳を称揚する形容句とその事跡を簡潔に記していきます。王の即位の順は、文王・武王・成王・康王・邵王（昭王）・穆王の順です。この時の王は、穆王の次に即位した共王と思われますが、この銘文によって、《史牆盤》の制作された共王期頃に、先王たちがどのようにイメージされていたのかを知ることができるわけです。(5)以下、白川静氏の「金文通釈」五〇輯〈補釈篇〉一五「史牆盤」を参考にさせて頂きながら、私自身の解釈も加えて述べてみたいと思います。

「曰く、古の文王、初めて政に斆龢《ちうわ》す。上帝懿徳《いとく》を降し、大いに甹《たす》けて上下を敷有し、萬邦を迨受《かうじゅ》せしめたり」

（古の聖なる文王は、混乱を極めていた政事にはじめて和合をもたらした。それで上帝はこの文王に懿徳を降して大いに輔け、天下を保有し、万邦を統合せしめたのである。）

「䎽圉《きやうぎよ》なる武王、四方を遹征《いつせい》し、殷の畯民《しゆんみん》を撻《う》ち、永く玨《おそれ》あらざらしむ。虘《しよ》・微を逖《とほざ》け、夷東を伐つ」

（文王の徳を継承し、軍事にも優れた武王は、四方を巡撫査察して、殷の残党を討伐し、後恨なきようにした。そうしてさらに虘《しよ》・微を遠ざけ、東夷を伐ったのである。）

「憲聖なる成王、左右《たす》けられて剛鯀《がうこん》を綬《やはら》げ𠷎《あつ》め、用て肇《はじ》めて周邦を徹《をさ》めたり」

（思慮深く、かつ文武の業をよく守る成王は、文武の威霊に助けられて叛乱の徒を和柔統括し、それではじめて周邦をつつがなく治めることができるようになったのである。）

「淵哲《えんてつ》なる康王、遂《したが》ひて億彊《おくきやう》〔繮〕を尹《ただ》す」

（深淵にして叡知に富む康王は、先王の道に従って周の綱紀を正した。）

「弘魯なる昭王、廣《ひろ》く楚荊を能《やは》らげ、隹《これ》南行を奐《ひら》きたり」

（広範囲に外征を展開した昭王は、楚荊なる淮夷をやわらげ、南行の道を開いた。）

「祗覭《しけん》なる穆王、訏誨《うかい》に型帥《けいそつ》し、䵼《かさ》ねて、天子を寧《やす》んず」

（神意を明察し、これに敬事する穆王は、先王の大道に忠実に従って、天子の地位を更に安寧なるものとした。）

「天子、𨽍《つつし》みて文武の長剌を屓《つ》ぐ。天子釁《つと》めて匄《や》むこと亡《な》し。上下を寋祁《けんき》し、桓謨《くわんぼ》を極め熙《ひろ》む。昊焸《かうせう》にして哭《や》むこと亡く、上帝祀燕《しえん》せられ、大《おほ》いに天子の綰《わん》命を保受し、厚福豐年にして、方蠻《はうばん》も䢅見《やうけん》せざるもの亡《な》し」

（今上の天子は、つつしんで文武の長きに亙る威霊を嗣いだ。天子はそれを減衰させることなきよう精進してきたのである。すなわち、神事につとめ、大いなる謀り事に務めて、ますます繁栄を加えるばかりである。上帝もまたこれを嘉して福禄を与えられ、大いに天子の徳を称して長寿を与えられた。厚福豊年、周辺の方蛮諸族も入朝して見事せぬものはない。）

少し分かりやすく整理してみます。

文王＝古の聖王。上帝より優れた徳を与えられ、混乱を治めて四方を和合に導いた。
武王＝軍事に優れ、四方の連合軍を指揮して殷の残党を討伐した。
成王＝文王・武王の威霊に助けられて叛乱を鎮圧し、周に平和をもたらした。
康王＝先王の道に従って周の綱紀を正した。
昭王＝外征の王として南行の道を開いた。
穆王＝神意を明察して仕え、天子の地位を安寧なものとした。
共王＝文王・武王以来の威霊を継承し、神事につとめてますます繁栄した。

これを見て分かりますことは、昭王と穆王との間で王の性格が大きく変化していることです。つまり、文王は別格としまして、武王から昭王にいたる四王は軍事王としての性格が強く、穆王・共王は祭祀王としての性格が強くなっていることです。このことは、以前に戦役関係の銘文を見た時にも、銘文の読解にもとづいて同様のことを申し上げたことがあります。(6)ということは、穆王・共王期頃の銘文から窺われる王のイメージと、共王期頃に作られた王統譜に窺われるそれとが一致している、と考えてよいのではないでしょうか。言い換えれば、穆王以降の王が、それまでもっていた軍事王としての性格を失い、祭祀王としての性格を強めたということです。このことは、日本の古代律令国家の出発点において、つまり持統天皇の時から、天皇が祭祀王として存在するようになったことと、とてもよく似ています。日本の天皇の場合、律令国家の最初の王である持統天皇から、「天皇」という名称が使われるようになりましたが、名称が「オオキミ（王）」から「スメラミコト（天皇）」へと転換されたことが、今申し上げたことの象徴的な出来事であると考えていいのではないかと思います。

三　康王と休王の問題

今私たちは、王統譜が共王の時に出現した意味を考えているわけですが、実は、もう一点取り上げておかなければならないことがあります。それは、〈康王〉のことです。〈康王〉の名は、『尚書』の「周書」に「顧命」篇などがあって、文献の上ではよく知られていますから、その存在を疑う人はありませんが、金文資料にずっと関わってきた者にとっては必ずしもそうではなく、この《史牆盤》ではじめて見ることができた名前です。《史牆盤》が発見されるまでの長い間、銘文に〈康王〉の名が見えないことが、大変不思議であったほどです。そして、その代りにと言ってもいいと思いますが、〈休王〉という名が、ちょうど〈康王〉の時期に相当する時代の王名として見えていたのです。それで、白川静氏などは、「休王は康王の生号であると思われる」〔第九輯四九二頁〕と考えておられたほどです。(7) しかし、《史牆盤》が現われるや否や、氏は、銘文の読み方を変更するに至りますが、この変更に私は賛成しません。何よりも、この変更後の読みは、文法的にとても不自然です。関連する銘文を挙げておきましょう。このうち、4の銘文には〈休王〉の名前は見えませんが、その配偶者かとも思われる〈休天君〉の名が見えるものです。(8)

1　隹十又三月初吉丁卯、𥁰啓進事旋徒、事皇辟君、休王自穀、事賞畢土方五十里、𥁰弗敢〓王休異、用乍歔宮旅彝《𥁰圜器》

【新】これ十又三月初吉丁卯、𥁰《せう》、啓《はじ》めて進事奔走し、皇辟君《くわうへきくん》に事《つか》ふ。王の穀《こう》よりして、畢《ひつ》・土方の五十里を賞せしむるを休《よろこび》とす。𥁰、敢て王の休異《きうよく》を忘れず、用て歔《てつ》宮の旅彝を作る。

【舊】これ十又三月初吉丁卯、𥁰、啓めて進事奔走し、皇辟君に事ふ。休王、穀よりして、畢・土方の五十里を賞せしむ。𥁰、敢て王の休異を忘れず、用て歔宮の旅彝を作る。

2　休王易䣄父貝、用乍厥寶隮彝《䣄父方鼎》

【新】王の䣄父《きほ》に貝を賜ふを休《よろこび》とし、用《もつ》て厥《そ》の寶隮彝を作る。

【舊】休王、䣄父に貝を賜ふ。用て厥の寶隮彝を作る。

3　休王易效父〓三、用乍厥寶隮彝　記號　《效父𣪘》

【新】王の效父に金三を賜ふを休《よろこび》とし、用て厥の寶隮彝を作る。　記號）

【舊】休王、效父に金三を賜ふ。用て厥の寶隮彝を作る。　記號）

4　穆公乍尹姞宗室于□林、隹六月既生霸乙卯、休天君、弗望穆公聖粦明□、事先王、各于尹姞宗室□林、君蔑尹姞厤、易玉五品・馬四匹、拜䭫首、對揚天君休、用乍寶齍《尹姞鼎》

【新】穆公、尹姞《いんきつ》の宗室を□林に作る。隹《これ》六月既生霸乙卯、天君の、穆公の聖粦明□にして、先王に事《つか》へしことを忘れず、尹姞の宗室□林に格《いた》りたまふを休《よろこび》とす。君、尹姞の厤《いさをし》を蔑《あらは》し、玉五品・馬四匹を賜ふ。拜して稽首し、天君の休に對揚して、用て寶齍《せい》を作る。

【舊】穆公、尹姞の宗室を□林に作る。隹《これ》六月既生霸乙卯、休天君、穆公の聖粦明□にして、先王に事へしことを忘れずして、尹姞の宗室□林に格りたまふ。君、尹姞の暦《いさをし》を蔑《あらは》し、玉五品・馬四匹を賜ふ。拝して稽首し、天君の休に對揚して、用て寶齊鼎を作る。

これらの銘文を読んでみるとよく分かりますが、以前白川氏ご自身が論じられたように、〈休王〉という王名として読む方が文法的には自然な文章なのですから、私は、これを〈休王〉と読むべきだと思います。言い換えますと、〈休王〉という名の王が存在した可能性があるのではないか、ということなのです。このことは、必ずしも白川氏の旧説である、〈休王〉＝〈康王〉説に与するのでないことは申すまでもありません。〈康王〉という名の現われる《史牆盤》以前には、〈康王〉とは別に〈休王〉が存在したのではないか、という考え方を採りたいということです。ただその場合でも色々な考え方がありうるわけで、例えば、その時代においては〈休王〉が王であったのが、昭王以降に〈休王〉系が断絶し、その代りに〈康王〉系が有力となってきたという考え方、あるいはまた、〈休王〉系と〈康王〉系との二つの系統が当時から存在していたという考え方などがありうると思います。私は前者の考え方を暫定的に取っていますが、この考え方は、西周王朝がまだ安定しない状態にあったという、前にも申し上げた考え方と表裏一体をなすものです。そしてさらにもう一歩この考え方を進めるならば、昭王の戦死によって〈休王〉系が断絶し、王朝が存亡の危機にさらされた後、西周王朝を再建する課題を背負って、新たに祭祀王としての性格を濃厚に帯びつつ登場してきたのが、〈康王〉系の穆王ではなかったかということになると思います。私自身はそのような仮説を設定して、考えを進めているわけです。

【補記】康王・休王問題はなかなか結着しにくい問題であるが、その後私自身の考えが更に進展したこともあって、現在継続中の拙稿「殷周革命論ノート」(二)及び(三)でも繰り返し言及しておいた。この問題は、殷周革命という歴史的事件をより深く理解する上でも重要な意味を帯びていることがお分かり頂けると思う。この箇所で記した内容と矛盾するわけではないので、今は詳述を避ける。

四　穆王とカリスマの恢復

〈穆王〉が登場した時、祭祀王としての性格を濃厚に帯びて現われたということを、先ほどより申し上げてきましたが、これは昭王が戦死したことによって失われた、王のカリスマを恢復し強化する為には必要不可欠のことであったと思われます。いま用いました「カリスマ」という語は、マックス・ウェーバーが支配形態の一つとして「カリスマ的支配」などと言うようになってから、政治学の概念として盛んに用いられるようになった語でありますが、もとは古代イスラエルの研究に用いられた語で、神から賦与された霊力というほどの意味です[9]。これを古代中国の場合に当てはめてみますと、〈徳〉という語がそれと大変似通った概念をもっていることに気付きます。ただ、今申し上げたのは、あくまで〈徳〉の原義という意味で、〈徳〉が後に精神的な意味に変化していくのはご承知の通りです[10]。白川静氏の文字学の説によりますと、〈徳〉という文字の初形は目に呪飾を加える形で、神から与えられた「呪的な威力」を示す文字であるということです。白川氏の『説文新義』には、「〔目の〕呪力によって対手に圧服を加えうるような威力をもつことを、徳という」〔巻二・一八一頁〕と書かれています[11]。これは大変興味深いことで、王の戦死によって失われた〈徳〉は、神との深い交渉によってもう一度恢復する必要があるわけです。〈穆王〉が祭祀王としての性格を色濃く帯びて登場する理由は、そこにあると言っていいのではないかと思います。

また昭王以前の領土拡張期において、周の同族意識が次第に希薄化しはじめていたばかりではなく、昭王の戦死によって王朝そのものが分裂の危機に直面してもいたわけですから、局面を打開する意味でも、周の同族意識を強化する必要があったと思います。それはいわゆる「文武の道」つまり周王朝草創時の精神に立ち返るという意味だけで言っているのではありません。克殷前後より新たに加わった殷系の氏族や、領土拡張期の過程で新たに参入した氏族をも合わせた、謂わば広義の周族としての同族意識を高めるという課題が、待っていたはずです。そしてそのためにはさらに、広義の周族としての祖祭の整備も必要になってきます。中でも特に求められたのは、宗廟における廟歌や共通の創世神話であります。これらは、民族意識を高めるための心理的側面、言い換えればイデオロギー的側面に属する事柄です。そして、こうした新たな周族の形成を具体的な形で組織化するのが、システムとしての官僚機構の整備であったということになります。

以上のような任務を担って穆王が即位した時、すでに五十歳を過ぎていました。「周本紀」には「穆王卽位、春秋已五十矣」というように極度に切り詰めた文章で簡潔に記されていますが、即位に至るまでの長い紆余曲折を窺わせます。またそれだけに、王の周囲に霧のような神秘の気が立ち込めていたのは、まことに尤もなことだと思われます。

「穆天子伝」という作品は、そうした穆王の祭祀王としての側面を、崑崙山への遠遊という姿で描き出しているものとも受け取れます。御手洗勝氏の『穆天子伝』の成立の背景」(12)には、穆天子の崑崙登攀を、神霊に交通するイニシエーション的恍惚状態における彼岸旅行と見て、一種のシャーマニズムにおける昇天と捉える興味深い解釈が示されています。

〈康王〉のことにもいま一度触れておきたいと思います。《史牆盤》の出土によって〈康王〉の名が見えるまで、その名が一度も銘文に出てこなかったことを先ほど申し上げましたが、その後も同様で、《史牆盤》の出土以降に出土した青銅器の銘文の中に、〈康王〉の名を目にすることは全くありません。いわば空前にして絶後の王名ということです。そこに作為を感じるのは私だけでしょうか？ 何しろ「周書」の「顧命」篇に、成王の死後直ちに行なわれる〈康王〉の即位式の次第が詳しく記されているわけですから、その存在を疑うには少し勇気が要ります。しかし、西周時代の銘文をよく読んで、銘文それぞれの時代観をもっている者にとっては、「顧命」篇を、〈康王〉の時代の文章として読むのには、少なからぬ抵抗があります。つまりこの「顧命」篇は、文章的には、西周初期のものなどではなく、西周後期以前にはありえないものであることは、一読して直に分かる類の文章なのです。このことは、私がここで始めて申し上げることではありません。中国の張西堂氏が、『尚書引論』の中で『尚書』諸篇の成立年代を五つに分類しておられますが[13]、そこでこの「顧命」篇を「疑為西周春秋間所作」（西周末から春秋時代にかけての作）〔六〇八頁〕と言っておられます。銘文を読み慣れている者にとっては、この分類は至って妥当なものです。その理由を簡単に申しておきますと、張氏の言のごとく、儀式に用いられる様々な品物が、西周時代初期なら到底考えられないものが多数挙げられていたりして、式の次第が、随分後世のものであることが直に見て取れるのです。私自身は西周末よりも春秋時代以降とする方が、気分が落ち着きます。この問題を詳しく論じることは今控えておきますが、少なくとも、〈康王〉という名の王が、実際の年代よりもかなり後に現われた可能性があることを、ここでは申し上げるにとどめておきます。

第十四章　創世神話と儀礼詩の成立

一　民族と民族意識の形成

民族というものはどのように形成されていったのでしょうか？　少なくとも今私たちが考えようとしている、周族はどのように形成されていったのでしょうか？　こういう疑問に答えてくれそうな西周史の専門家は、今のところ殆どいないような気がします。それは、周族という概念がアプリオリに想定されているからです。民族というものは、形成されていくものではなく、最初から存在しているかのように思われているからです。そこには、民族というものが、複数の共同体が様々な理由で結合しながら、歴史的に形成されていくものであるという発想が欠落しています。これは学問の領域で言えば、民族学に属する分野かも知れませんが、殷周期は言うまでもなく、春秋戦国期の歴史を考える場合でも、忘れてはならない考え方です。殷周期から春秋戦国期さらには秦漢期へと亙る古代中国の歴史を考えるということは、〈周族〉や〈漢民族〉の形成史を考えることでもあるのです。それは我が国の歴史とくに古代史を考える場合に、対外的な視野をもって臨まないと、近視眼的な歴史理解に陥ってしまうのと同じ意味をもっています。つまり、私たちが、律令国家の形成過程を考えるということは、〈大和民族〉の形成過程を考えることでもあるのです。そして〈大和民族〉なるものは、今もなお絶えざる形成過程にあって、これからも気付かないほどに少しずつ変質していくと考えておいた方がいいと思います。

そのような民族としての同族意識、つまり民族意識が高まる特定の時期というものがやはりあるようです。日本で言えば、明治維新以降敗戦に至るまでの間が私たちの比較的よく知る時期ですが、明治維新以前の幕末期の特徴は、西欧の列強に包囲されながら、勤王派と佐幕派に分裂した内戦状態にあったことです。対外的には非常に危険な状態にあったといってよく、下手をすると列島は分裂状態のまま植民地化の憂き目に遭う可能性がありましたが、結果的には、そのような危機を脱して上からの近代化に成功し、自らもまた列強の一員となっていったことはよくご存知の通りです。そしてそのような過程で、天皇を上に頂きながら、〈日本人〉あるいは〈大和民族〉という同族意識を急速に高めていきました。この時期は、日本の伝統文化に対する愛情が最も強かった時代でもあったのではないでしょうか。このような民族意識というものが、何かを契機にして高まるのだとすれば、それは今申し上げたような対外的な危機に直面した情況によってです。

そのような意味での対外的な危機は過去にもう一度ありました。それは、前にも申しました古代の律令国家が成立する前後数十年の期間です。(1) この時、飛鳥王朝は、新羅と唐とを敵に回して対外的に最も危険な状態にあったばかりでなく、壬申の乱に象徴されるような、列島内が分裂する危機にも直面していました。この時、天皇を祭祀王とする統一国家の形態を急速に整えました。豪族の再編による官僚制すなわち律令国家の形成、正史としての「日本書記」の編纂などがそれです。正史の編纂は、よく言われる対外的な意味も勿論ありましたが、何よりも、〈大和民族〉としての共通の歴史をもつという重要な意味があったのです。こういう共通の歴史をもってこそ、同族意識が強化されていくわけです。そのためには恐らく、強引な歴史の改変もあったと思われますが、そのような経緯を一々物語るはずもなく、痕跡すら殆ど残されていません。『風土記』や、現存する最初の古代歌謡集である『万葉集』の編集にも同じような意味があったと思います。民族意識の昂揚をめぐって、やや抽象的な議論を続けましたが、しかし今申し上げたことは、最近の民族学が明らかにしてきたことなのです。そのことを、太田和子氏の「現代の創世神話――新しい『民族』の生成――」という論文に採り上げられている、カナダのフランス系新生民族アカディアンを例にとってお話ししたいと思います。(2)

二　アカディアンと民族起原神話的叙事詩

アカディアンというのは、カナダ最大のマイノリティー集団であるフランス系住民のうち、大西洋に面した沿岸諸州である、ニューブランズウィック、ノヴァスコシア、プリンスエドワード島に住む約三十六万人の人々のことを、現在では指します。しかし十七世紀以前には、この地球上にはアカディアンと呼ばれる人々は存在しませんでした。ではアカディアンという民族がどのように形成されていったのか、簡単に経過をたどってみることにします。

十七世紀に、フランスから今申し上げた土地に移住、定住して、徐々に独自の集団を形成していった人たちがありました。しかしその後、イギリスとフランスとの間の抗争が激しくなって戦争が繰り返され、第二次百年戦争とも称される状態が続きますと、その影響は北米大陸の両国植民地にも及んで来ます。アカディアという土地はちょうど、フランスの植民地ヌーヴェルフランスとイギリスの植民地ニューイングランドとの中間に位置していましたので、否応なしに抗争に巻き込まれ、最終的には、一七一三年のユトレヒト条約で、イギリスの支配下に置かれることになってしまいます。当初は、〈フレンチ・ニュートラルズ〉つまり〈中立のフランス人たち〉と呼ばれていたのですが、両国間の状態が悪化し、緊張が高まるにつれて〈フレンチ・ニュートラルズ〉は危険視されるようになり、一七五五年つまり七年戦争の始まる前年には、その全員がアカディアの地から強制的に追放されることになってしまいます。これがいわゆる「大追放」の悲劇です。次いでその七年戦争に勝利したイギリスは、北アメリカに完全なヘゲモニーを確立するにいたります。アカディアのフランス人たちは、そのようなイギリス人たちとの関わりを恐れて、辺鄙な場所で痩せた荒地を新たに切り開き、また生活を第一歩から始めなければならない破目に陥ります。そうして彼らは、イギリス人たちの支配の下で、いつの間にか〈フランス人〉であるよりは、〈アカディア人〉になっていくのですが、まだこの段階では、「われわれ意識」つまり共属意識的なものがさほど強くはなかったことは、注目すべき点です。

十九世紀に入ってから、アメリカの詩人ロングフェローが、アカディアンの間に伝わる「大追放」の話を聞いて大層感動し、一三九九行にのぼる一大叙事詩である「エヴァンジェリン」を一八四七年に作ります。(3) これがアカディアンの「創世記」、民族起源神話的性格をもつようになるのですが、それ以来、アカディアンの共属意識が強くなっていき、自らを「固有のユニークな民族」として自覚するようになるのです。その後、国旗や国歌・祝日なども制定することによって、一層アイデンティティーを強く表出していきますが、何よりも叙事詩「エヴァンジェリン」の存在なくしてはありえなかったことは確実です。言い換えますと、「大追放」という悲劇を叙事詩の形で共有することによって、民族意識を高めることができたということなのです。

三 『詩経』に見える民族起原神話的叙事詩――「緜」篇

このような民族起源神話的な叙事詩は、『詩経』の大雅篇にも収められています。大雅篇は、西周王朝の勃興から滅亡を簡単に辿れるようになっていますが、民族起源神話的な叙事詩としては、〈文王之什〉に収められている「文王」「大明」「緜」「皇矣」「文王有声」や、〈生民之什〉の「生民」「公劉」などを挙げることができます。これらの叙事詩を一読して浮かび上がってきますのは、詩篇を貫くテーマが、受命の王でありますところの、文王による建国の正当性を主張する点に帰一していることです。これは西周王朝を思想的に支える最も重要なバックボーンだと言ってもいいと思います。また、そうした文王が出現する前段階の存在として、姜嫄・后稷・公劉・古公亶父《たんぽ》・王季も歌われています。このうちはじめの三者である姜嫄・后稷・公劉は、いわば農業神ですので、伝説的な始祖ということになると思いますが、周原への移住を敢行した古公亶父からは、考古学的にも一致する点が多く、かなり現実性を帯びてきます。今は、その古公亶父が周原に移住するに至る経緯から、都を建設する模様をかなり具体的に描写した「緜」篇を見てみたいと思います。以下、白川静氏の近著『詩経雅頌2』(平凡社)をも参考にさせて頂きながら、いくらか私見を加えつつ作品を追ってみたいと思います。(4)

緜緜瓜瓞、民之初生、自土沮漆、古公亶父、陶復陶穴、未有家室
古公亶父、來朝走馬、率西水滸、至于岐下、爰及姜女、聿來胥宇
周原膴膴、菫荼如飴、爰始爰謀、爰契我龜、曰止曰時、築室于茲
迺慰迺止、迺左迺右、迺彊迺理、迺宣迺畝、自西徂東、周爰執事
乃召司空、乃召司徒、俾立室家、其繩則直、縮版以載、作廟翼翼
捄之陾陾、度之薨薨、築之登登、削屢馮馮、百堵皆興、鼛鼓弗勝
迺立皐門、皐門有伉、迺立應門、應門將將、迺立冢土、戎醜攸行
肆不殄厥慍、亦不隕厥問、柞棫拔矣、行道兌矣、混夷駾矣、維其喙矣
虞芮質厥成、文王蹶厥生、予曰有疏附、予曰有先後、予曰有奔奏、予曰有禦侮

(緜緜《めんめん》たる瓜瓞《くわてつ》、民の初めて生ずる、土《と》自り漆《しつ》に沮《ゆ》く、古公亶父《ここうたんぽ》、陶復陶穴、未だ家室有らず。
古公亶父、來つて朝《あした》に馬を走らせ、西水の滸《ほとり》に率《したが》ひ、岐の下に至りて、爰《ここ》に姜女と、聿《つひ》に來つて胥《あ》ひ宇《を》る。

周原膴膴《ぶぶ》として、菫荼《きんと》飴《あめ》の如し、爰《ここ》に始め爰に謀《はか》り、爰に我が龜《き》を契《き》る、曰《ここ》に止《を》り曰に時《よ》しとし、室を茲《ここ》に築《きづ》く。

迺《すなは》ち慰《やす》らぎ迺ち止《を》り、迺ち左し　迺ち右す、迺ち疆《さかひ》し迺ち理《をさ》め、迺ち宣《あまね》くし迺ち畝《ほ》つくり、西より東に徂《ゆ》き、周《あまね》く爰《ここ》に事を執《と》る。

乃《すなは》ち司空《しくう》を召し、乃ち司徒《しと》を召し、室家を立てしむ、其の繩《じよう》は則ち直、版を縮《なお》くして　以て載《た》つ、廟を作ること翼翼《よくよく》たり。

之《これ》を捄《きう》すること陾陾《じようじよう》たり、之を度《たく》すること薨薨《こうこう》たり、之を築くこと登登《とうとう》たり、屢《たか》きを削ること馮馮《ひようひよう》たり、　百堵《ひやくと》皆興《おこ》り、鼛鼓《かうこ》勝《た》へず。

迺《すなは》ち皐門《かうもん》を立つ、皐門伉《かう》たる有り、迺ち《すなはち》應門《おうもん》を立つ、應門將將《しやうしやう》たり、迺ち冢土《ちやうど》を立つ、戎醜《じうしう》の行く攸《ところ》。

肆《つひ》に厥の慍《いかり》を殄《た》たざるも、亦厥《そ》の問《ほまれ》を隕《おと》さず、柞棫《さくよく》拔《ばつ》たり、行道《かうどう》兌《だつ》たり、混夷《こんい》駾《だつ》たり、維《こ》れ其《そ》れ喙《かい》たり。

虞芮《ぐぜい》　厥《そ》の成を質《な》し、文王　厥の生を蹶《うご》かす、予曰《われここ》に疏附有り、予曰に先後有り、予曰に奔奏有り、予曰に禦侮《ぎよぶ》有り）

跡切れることなく長く延びている瓜の蔓、それと同じように長く栄えてきた我が周の民の生まれた初めは、杜水から漆水に遷った時のこと。その初めの王の名は今では古公亶父ともお呼びするが、往時はなお宮室らしきものもなく、土を盛ったり穿ったりの穴居生活であった。

さてその古公亶父は、ある日、夜の明けぬうちに馬を走らせて、西の川に沿って下り、岐山の麓に辿り着いたのであった。そしてその土地の先住の民であった姜族の娘と契りを結び、ともに住むこととなった。

岐山の麓。そこは後に周原と呼ばれるようになった。たいそう肥沃な土地で、苦いトリカブトやニガナもここでは飴のように甘く生る。古公最初の業として亀卜に問うたのは、この地に宮室を築くべきか築かざるべきかであった。神意は吉と出た。

かくて安堵の胸を撫でおろしことは定まった。そして都城の建設とあいなる。宮室の左や右に配するもの、その区画の整理、水路と畝の調整等々。西から東まで、残る隈無く建設は進んだ。

今度は、土木事業係の司空と、夫役係の司徒を召して、宮室を建てる運びとなった。建築は厳正を極めた。墨縄はあくまで真っ直ぐに、版築はあくまで堅固に、宮廟は見事に建立された。その姿はあたかも鳥が翼を広げるごとく、見る者を圧した。

城壁の建築だ。モッコで土をどんどん運び、築板の間に次々に入れていく。そしてその上から杵でトントンと突き固めて堅固な城壁が出来上がる。その後壁面を削りならして仕上げるのである。こうして百丈の城壁が出来上がった。人夫の仕事を促す太鼓も不要なほどに、人々の働きは見事であった。

城壁のさらに外城の皐門は高く聳え立ち、宮殿正面の応門も威厳に満ちている。そしてさらに土を築くや、異族たちの多く集まるところとなって、我らが周に帰属するものはますます多きを加えた。

攻撃を加えてきた異族への、古公の怒りは絶えなかったが、またその声望もますます大いなるものとなって行った。棘ある木々は次々に抜き払われて、周に通ずる道は整備されていった。かくては混夷も敵すべからざるを知り、息絶え絶えに逃走した。

虞・芮両国の和平の仲立ちをした文王は、遂に興起した。我が周には、一族を挙げて帰属するものたちがいる。彼らは先駆けとなり、またしんがりともなる。また我が周には、王の徳を讃えてその声望を四方に広めたものたちがいる。かくて我が周を侮って攻撃を加えた敵たちを防ぐこともできたのである。

語彙の上から見ますと、「司徒」という語は、懿王期ないし孝王期の青銅器かと目される《揚𣪘》にはじめて見られる「嗣徒」のごとく記すべきものです。また「司空」という語も、本来「嗣工」と記すべきところですので、この詩篇の成立は、どんなに遡っても共王期や穆王期以前と考えるのは無理があります。また内容的にも、考古学の発掘から知られる周原の様子とはかなり違っていて、後世的なものを感じさせます。やはり懿王期以降に出来た詩篇であると考えるのが妥当でしょう。

四　民族起原神話的叙事詩の成立期

文王や武王を歌った「皇矣」「文王有声」も同様です。例えば、「文王有声」に見える「鎬京《こうけい》辟廱《へきよう》」は、それまでの「葊《ほう》京《けい》辟雍《へきよう》」から、共王期あるいは懿王期に遷されたものと見るべきで、この詩篇の成立の上限をそれによって知ることができます。「鎬京辟廱」が共王期あるいは懿王期に出来たものという説は、白川静氏によって唱えられた優れた説ですが[5]、近年考古学的にもその説が確かめられつつあります。まだ本格的な発掘が進んでいないようですので、正式な発掘報告に接することはできませんが、一九九三年一月二六日付けの「人民日報海外版」には、「千古懸案如今找到答案」（千古の懸案の答案が今やっと見つかった）として、「西周都城鎬京」の位置や規模・建物配置・時期について簡単な説明を加えています。時期鑑定は、「従出土陶質器物分析、属西周中期偏晩」（出土した陶質器物の分析から、西周中期後半寄りに属する。）ということですから、懿王期あたりに比定するのが妥当な線だと思います[6]。こうして見ますと、白川氏が、詩篇と青銅器に彫られた銘文の読みから析出した遷都の時期が、考古学的にほぼ立証されつつあるわけです。

以上、お話ししましたのは、『詩経』の大雅篇に収められている民族起源神話的な叙事詩の成立が、西周時代中期の穆王・共王の次に即位した懿王期以降と考えられるということでした。この見解は、国家再建の時期と照らし合せてみて、とても妥当なところに落ち着いていると思います。この考え方を理論的に支えている、白川氏の言葉を次に引用しておきたいと思います。

大雅諸篇における説話詩の成立の契機は、一言にしていえば、周王朝の国家神話構成への要求である。こういう要求のないところに、神話は成立しない。神話ははじめから与えられたものとしてあるのではなく、現実の実践的要求が過去の世界に投射されて、それを生み出すのである。特に国家神話的性格の強い神話は、ある歴史的時期における、強い国家意識を反映するものとみてよい。それは現実の統治支配を原理づける理念を、すなわち王朝の神聖性を、神の世界と結びつけることによって確立しようとする、政治的要求に発するのである。〔『詩経研究通論篇』第八章「雅頌詩篇の展開」五八二頁〕

全く同感です。とは言いましても、白川氏は、私のこのような引用に対して、恐らく異議を唱えられることと思います。なぜなら白川氏は、この時期を、「王朝の体制が安定した秩序をもつに至った」時期であると考えておられるからです。しかしこれまで私が展開して参りました話からお分かりのように、この時期は、国家分裂の危機を脱するために、豪族の再編という方法をとりながら国家を再建しつつあった時期です。そしてそのような時期であるからこそ、このような国家神話的な叙事詩が成立したのです。そして興味深いことに、白川氏自身の考え方の中にも、今申し上げた考え方を理論的に否定できない部分を内包しています。なぜなら、〈魯頌〉や〈商頌〉の成立に関しては、私と同じような考え方をとっておられるからです。次にそのような箇所を引用しておきます。

およそ神話が、その肇国の物語として構成され、あるいはまたそれが特に回顧追想されるということは、つねに何らかの実際的要求をもつ、現実の意識に連なるものである。祖廟を営み、その廟歌を制するというようなことも、国際関係が緊張し、国家意識の異常な昂揚がみられる場合、統治者の集権的支配が、強くその民衆的基層に向ってはたらきかけてゆくというようなときに、しばしば見られることである。

〔『詩経研究通論篇』第四章「三頌研究」三九一頁〕

いかがでしょうか？　私がお話しして参りました考え方の先蹤が、まさに白川氏の言説の中にあったというのは、とても重要で嬉しいことであります。そしてまた一層興味深いことは、氏の『詩経研究通論篇』そのものが、理論的に見て非常に先駆的な仕事であったと同時に、時代的な制約をももっていたという、二つの側面が見られるということです。歴史に残るほど偉大な学者の仕事というものは、後世の学問的な進展によってより妥当な方向へと軌道修正される属性を本来もっているものだと思いますが、この『詩経研究通論篇』はまさにそのような要件を具えています。最後に、この問題をもう少し追究する意味で、今申し上げた〈魯頌〉〈商頌〉と一緒に頌の部に入っている〈周頌〉の成立時期について、お話しをさせて頂きたいと思います。

五　殷の祖神と周の祖神との習合――周頌三篇「振鷺」「有瞽」「有客」

『詩経』は〈風〉〈雅〉〈頌〉の三つの部分によって構成されていますが、最も親しまれてきたのは〈風〉です。特に〈国風〉という名で呼ばれるのは、それが各国の国振りを歌うものであるところからきています。我々の概念で言えば、〈民謡〉がそれに相当します。それに比べて、〈雅〉と〈頌〉は宮廷で歌われるようなあらたまった性格のものですので、どうしても馴染みにくいものがあります。ちょうど『万葉集』の中にある儀礼的な長歌には、なかなか親しみにくいのと同じようなものです。しかし、国家の成り立ちを考える場合には、むしろこれらの儀礼詩が重要な鍵を握っているのです。特に重要なものは〈周頌〉の中の儀礼詩です。今私がお話し申し上げようと思っておりますのは、「臣工之什」に入っている「振鷺」「有瞽」「有客」の三篇です。これらの儀礼詩は、前王朝である殷の神が、周王朝の儀礼の中に習合していくことを歌ったものではないかと、私が考えている詩篇です。先ず、「振鷺」から見てみます。解釈は白川氏の『詩経』(7)（中公新書）『詩経研究通論篇』（前出）を参考にさせて頂きましたが、私自身の解釈も交えています。先ず「振鷺」から見ます。

振鷺于飛、于彼西雝、我客戻止、亦有斯容、在彼無惡、在此無斁、庶幾夙夜、以永終譽
（振鷺《しんろ》ここに飛ぶ、彼《か》の西雝《せいよう》に、我が客戻《きやくいた》る、亦《ま》た斯《こ》の容《よう》あり、彼《かれ》に在《あ》りて惡《にく》まるることなく、此《ここ》に在りて斁《いと》はるることなからむ、庶幾《ねが》はくは夙夜《しゆくや》して、以て終譽《しようよ》を永うせむ）

詩の大意は、次のようになるでしょう。

辟雍という宮殿の西部にある西雝の水辺に、白鷺の群が飛来した。わが客神がお見えになったのだ。この舞姿のなんと美しいことよ。殷の祖神にとっても悪むことはなく、我ら周の祖神

にとっても厭うところはない。さらば昼夜を徹して舞い躍り、いついつまでも讃え合う仲でありたいものだ。

白鷺には、恐らく殷系の子孫が扮したのでしょう。殷の滅亡した後は、殷の神が周王朝の祭りに参画するという形をとって、周王朝の儀礼の中に組み込まれて行ったのだと思います。それは必ずしも今日の我々が考える支配と従属という関係ではなく、殷系の氏族たちがそのままの形で、周王朝に参画していったことを物語るものだと考えていいでしょう。つまり、殷の神も周の神々の一員となったということなのですが、さらに言い換えるなら、殷系の氏族たちが周王朝に参画することを論理化したということになるわけです。実際、青銅器を見ましても、西周時代前期のものには、殷的な要素が色濃く残っていますが、中期の穆王期以降、そのような傾向が急速に失われていくことは、そうしたことを裏付けるものだと思います。

次に「有瞽」という詩を見ます。

有瞽有瞽、在周之庭、設業設虡、崇牙樹羽、應田縣鼓、鞉磬柷圉、既備之奏、簫管備擧、
喤喤厥聲、肅雝和鳴、先祖是聽、我客戾止、永觀厥成

(瞽《こ》有り瞽有り、周の庭《てい》に在り、業《げふ》を設《まう》け虡《きょ》を設け、崇牙《しうが》に羽を樹《た》てたり、應田縣鼓《おうでんけんこ》、鞉磬柷圉《たうけいしゅくぎょ》、

既《すで》に備《そな》はり乃《すなは》ち奏《そう》す、簫管《せうくわん》備《つぶさ》に擧《あ》ぐ、喤喤《くわうくわう》たる厥《そ》の聲、肅雝《しゆくよう》和鳴《わめい》す、先祖是《こ》れ聴きたまへ、我が客 戻《いた》り、永く厥《そ》の成れるを觀《み》む）

瞽というのは、盲目の楽師です。その「瞽」が、「周の庭」つまり儀式を行なう宮殿の中廷に在って、楽を奏でます。わざわざ「周の庭」という表現をしていることから考えますと、「瞽」は恐らく殷系の一族でしょう。楽を奏でるための楽器のことが詳細に述べられ、荘重な雰囲気が伝わってきます。中廷には、楽器をかけるための台と柱があり、そこに横木が渡してあります。その上には牙のような飾りが高く聳え、美しい羽の飾りも華やかに立っています。小鼓・太鼓・懸け太鼓・振り鼓・石磬・柷・圉等の打楽器が出揃って楽を奏します。管楽器も一緒になって妙なる音色で合奏します。実に見事なオーケストラ、一糸乱れぬ美しいハーモニーです。周の祖神はこれをお聴きになってお楽しみ下さい。また殷の祖神もお見えになって、最後までお聞き下さい。

この詩も、周の祖神と殷の祖神とが習合する点で、「振鷺」と共通するものがあります。

次いで「有客」。

有客有客、亦白其馬、有萋有且、敦琢其旅、有客宿宿、有客信信、言授之縶、以縶其馬、
薄言追之、左右綏之、既有淫威、降福孔夷
（客有り客有り、亦たその馬を白くす、萋《せい》たる有り且《しょ》たる有り、その旅《りょ》を敦琢《たいたく》にす、客有り宿宿、
客有り信信たり、言《ここ》に之《これ》に縶《ちつ》を授《さづ》け、以てその馬を縶《つな》ぐ、薄《しばら》く言《ここ》に之《これ》を追ひ、左右に之を綏《やす》んず、
既《すで》にして淫威《いんい》有り、福を降《くだ》すこと孔《はなは》だ夷《おほい》なり）

ここでも「客」は殷の祖神と考えていいでしょう。その「客」が白馬に乗ってやって来るのです。祖霊ですから降臨すると言った方が相応しいかも知れません。その「客」を清らかな供え物で手厚くもてなします。その姿は慎ましく、謙虚です。次いで手綱もてその馬を繋ぎ止め、しばらくはこの馬を追わんとけしかけたかと思うと、騒ぐ馬をまたなだめます。これは、周王朝に殷の祖神が参画することを納得させる意味をもつ、象徴的な行為です。かくて周の神々の一員となった殷の祖神は、その威霊を現わして、わが周に大いなる福を降すと結んでいます。

こうして三篇の詩を見ますと、何れも、殷の祖神が周の祖神に習合していく過程を儀礼化したものであることが分かります。西周時代前期のまだ殷的な要素が濃厚だった西周王朝の儀礼体系が、こうした儀礼詩を通して次第に、周的なそれへと転換していくことになるわけで

す。後世に連なるという意味で、西周王朝という呼び方に相応しいのはこの時代以降であると言っても過言ではありません。このことは、これまでの私のお話しの中で随所に触れて参りました重要な点であります。そして、神話詩や儀礼詩に基づいて行なわれる礼楽文化も次第に盛んになっていったと、考えていいのではないかと思います。西周時代の中期後半頃から現われる、より大きな編成になる編鐘や編磬という楽器群はそのような王朝の歴史を何よりも物語るものです。しかし、そうした王朝再建の努力もむなしく、実際の王権は確実に衰えて行き、「文武の道」を恢復することもなく、「幽厲の後」の時代を迎えることになります。

王朝の衰頽過程において祭祀がむしろ盛んになっていくという現象を目の前にしますと、文化の爛熟や歴史の皮肉のようなものを感じてしまいますが、しかし、殷代末期においても同じ現象が見られていたことを考え合わせれば、そこに歴史的必然性と言わざるをえないような、抗し難い力が働いていたことにも思い至らざるをえません。無論このような事実を、歴史の逆説と言って済ましておくのも一つの方法ではあるのですが、私はむしろその逆説の中身を問うべきであろうと考えます。

このことを考える上で更に興味深い事柄は、西周王朝の礼楽文化が盛んになって行く過程と、豪族たちの勢力が拡大していく過程とが重なっているという事実です。そこに、豪族の連合国家である古代王朝が本質的にもっている脆さが現われているのではないか、というのが私の心中秘かに懐いてきた思いです。少し大胆な言い方をするならば、道半ばにして挫折した王朝、それが西周王朝だったのであり、そのことがとりもなおさず、後世から永く理想化される原因になっているのではないか、という意味でもあります。この問題にもいずれは取り組んでいきたいと考えていますが、今回の話題とは別のテーマになります。ここで一先ず区切らせて頂くことにします。

【補記】ここに記した、「道半ばにして挫折した王朝」だったことがとりもなおさず「後世から永く理想化される原因になっているのではないか」という考えは、これを書いた当時の私が提出できる一つの理解の仕方であり、必ずしも訂正の必要はないのだが、近年の私が提示した理解の仕方も付け加える必要を感じるので一言しておきたい。

西周時代に始まりさらに春秋時代・戦国時代と永きにわたって「天子」として君臨した周王ではあるが、実質的な権力（政治的権力）そのものは失っており、風前の灯火のような存在であった。だがそれにもかかわらず、宗教的な秩序（社会的秩序）を支える宗教王としての権力（宗教的権威）としては、厳然と命脈を保っていたという事実をどう解釈するのかという大きなテーマがあった。

最近になってこの問題を国家論の観点から、とりわけ「二重権力論」の観点から、「天の思想」と「天子概念」との思想的な問題として一つの解答を提示することができた。「西周時代における天の思想と天子概念——殷周革命論ノート（三）上・下」（「立命館白川静記念東洋文字文化研究所紀要」第九号・第十号）である。ご一読頂ければ幸いである。

結語

本稿は話体のスタイルをとって平明に述べてきたつもりですが、問題がかなり多岐に亙るため、一読して直ちに理解して頂けるかどうか多少の不安が残ります。理解の一助にでもなればと考え、各章の要約めいたものをここに付する次第です。

第一章「問題点の提起」で申し上げたことは、西周王朝の〈昭穆期〉をめぐる従来の解釈が両極に分裂していることを押さえた上で、その問題点の所在を浮き彫りにすることでした。そしてそれらの問題点を総合的に満足する解釈を提示することこそ本稿の目指す道である、と議論のおおよその方向を示しておきました。そのためにどうしても必要なことは、先学の見解の底に横たわっている論理的な前提を疑うことです。言い換えれば、立論の前提の再検討ということです。

第二章「昭穆期の政治情況」では、白川静氏の示す史観の問題点を措定した上で、その根底にある立論の前提への疑問を、国家論の観点から提示しました。そしてその前提である国家観に対する疑問を更に遡って、貝塚茂樹氏の啓蒙的かつ先駆的な著書である『中国古代史学の発展』に示された、一般常識的な中央集権論にまで行き着きました。そこで私が予め申し上げたことは、「冊命形式金文」の出現する穆王期ないし共王期以降の政治情況が、我が国の律令国家成立前後と相似た様相にあったということでありました。

第三章『「王道衰微」の意味』では、『史記』の「周本紀」の〈昭穆期〉の記述に見られる「王道」概念の再検討を試みました。その際、その初出である『孟子』の「王道」概念を押さえた上で、西周時代の記述にだけ見られる「王道」概念の特異性に注目しました。『史記』における「王道」の用例によれば、西周時代について述べた部分だけが、後世の儒教道徳的な抽象概念ではなく、「王道欠く」とか「王道衰微」という場合には、「王の亡命や戦死という現実的な事件による、王朝存亡の危機」を表わすものになっていることを明らかにしました。そしてこれによって、銘文資料から垣間見られる〈昭穆期〉の歴史的情況に関するこれまでの一般的な解釈と、『史記』の記述内容との乖離が一層浮き彫りにされる結果となりました。

第四章「昭王の水死」では、「昭王の水死」を疑問視する伊藤道治氏の解釈は、『春秋左氏伝』に対して氏が懐いている予断から来るものであって、何か確かな根拠があってのことではないことを述べました。

第五章「王命出納の官『太僕（大僕）』」では、『史記』「周本紀」の穆王期に出てくる「大僕」という官名が、『春秋左氏伝』や『国語』『戦国策』などにも見えないずっと後世の名称であることを確認した上で、『史記』の中での「太僕」の用例を検討しました。「太僕」はこれまで言われてきた通り秦代頃から現われた官職ですが、『史記』の用例から見ますと、高祖劉邦の沛公時代頃にようやく現われたもののようです。

司馬遷にとっての「太僕」は、漢代前期に活躍した夏侯嬰と、司馬遷の時代に活躍した公孫賀の二人に集約されます。この二人の共通点は、それぞれの主君であった高祖と武帝の若い頃からの臣下であり、王の命令をも左右する重要な位置にあったことです。いわば皇帝「腹心の部下」です。そういう意味で、他の官職とは異なった独自の性格をもっており、長老とでも言うべき存在だったようです。

「太僕」の初出例と思われる『周礼』に拠りますと、「大僕」は、王と諸侯との間にあって、王の大命の出納を掌る重要な地位にあった、とあります。そして大命の出納のみならず、祭祀・賓客・喪紀といった祭事に際しても、王の一挙手一投足にいたるまで補佐役を務める長老的な存在でありました。こうなりますと、『史記』の中における「太僕」のイメージと大きく重なってきます。

『周礼』にはその外に王命に関わる官職として「小臣」「内史」「祭僕」「戎右」があります。その中で、「小臣」と「内史」は、西周時代の銘文資料の中では王命の出納に関わる重要な食事を務めるものとして登場しています。その後、地位が下落してしまったとはいえ、『周礼』においても、西周時代の職事をいくらか保存しているようです。後の「太僕（大僕）」に相当する官職は、西周時代の銘文資料に見られるものでは「内史尹」や「作冊尹」であります。

以上のことから、「周本紀」に記された「太僕の政」の内容は、王命の出納に何らかの形で関わる事柄だったのではないか、と思われてきます。


第六章「〈昭穆期〉をめぐる分期の問題（一）——貝塚分期」では、青銅器と銘文の分期のうち、現在最も広く用いられている二つの分期を貝塚分期と陳分期とした上で、貝塚分期の特徴を概観しました。貝塚分期の特徴は、金文の内容の分析に基づいて三期に分かつ点にありますが、特に注目すべき点は、中期とする〈昭穆期〉が過渡期に位置付けられていることでした。こうした処置は元来便宜的なものですから、何れは分期の再検討が必要です。現に、青銅器の器形の変遷に対する理解には時代的な制約・限界が見られますので、再検討は不可欠なことです。

第七章「〈昭穆期〉をめぐる分期の問題（二）――陳分期」では、陳分期が考古学的な妥当性を持つものであることを見ました。具体的に申しますと、樋口隆康氏の『西周銅器の研究』に分析された「器種の消長」という観点から見ても、また李学勤氏の「西周中期青銅器的重要標尺」に分析された、昭王期と穆王期との間に介在する断層の大きさを「形態」・「紋様」・「字体」等によって浮き彫りにされた観点から見ても、〈昭王期〉と〈穆王期〉の間で時期の区分を画するのが妥当であろうということです。

第八章「〈昭穆期〉をめぐる分期の問題（三）――盧・胡論文」では、陳分期をより精緻にした盧連成・胡智生両氏の「陝西地区西周墓葬和窖蔵出土的青銅礼器」の要約を試みました。盧・胡論文で特筆すべき点は、青銅器の器種の消長や器形の変化に注目するばかりではなく、青銅器の組み合わせの変化にも注意を払っていることです。そのことによって発見された事実もあります。

例えば、殷代末期すなわち先周時期の墓葬における殷人と周人との彝器の組み合わせに見られる差異と共通点です。つまり、小墓においては、殷人の場合には〈爵・觚〉という鄭州二里崗以来の酒器の組み合わせが見られるのに対して、周人の場合には〈鼎・毀〉という食器の組み合わせになっている点。またそれに比して中・大墓の場合には、殷人・周人の墓葬に見られる食器と酒器の組み合わせに共通点が多いという点。

また武王・成王の時期では、大墓における酒器の増加が見られるのに対して、小墓では食器偏重の傾向を保持する点。成王・康王の時期には編鐘や水器のセットが登場して、彝器の組み合わせに重要な変化を見せはじめるかと思えば、次の昭王期には再び、小墓における酒器が〈爵・觶〉の組み合わせで増加して、逆行の現象を見せるなど、見逃すことの出来ない現象を析出しています。そして、穆王・共王の時期から始まる酒器の減少の再確認は、樋口氏や李学勤氏の分析と一致するわけですから、陳分期の妥当性を補強したことになります。

第六章から第八章で見てきた青銅器の分期の研究から明らかになったことは、〈昭穆期〉という時期が連続性と断絶性とを併せもつ激動の時代であっただろうことです。これこそが過渡期の本質でしょう。

第九章「穆王期の銘文に見られる固有の現象」では、白川静氏の「断代分期表と器群」を利用しながら、戦役関係の銘文に焦点を当てました。白川氏の分類では、戦役関係の銘文は昭王期か昭穆期に分類されていて、穆王期に配されていません。またそのうち昭王期に配されているのは「南征」関係の銘文だけで、その他は全て昭穆期という分類になっています。その上昭穆期に配された銘文の字体が、穆共期に特徴的な「緊湊体」になっていることから見るなら、むしろ穆王期に配すべき銘文群であるはずです。このような手続きを踏んだ上で、昭王期と穆王期の戦役関係の銘文を見ていきますと、昭王期から穆王期にかけての戦役の具体的な情況がよく理解できます。すなわち昭王自ら南征に赴いていた昭王期から、昭王の水死を契機に形勢が一転して、国境防備へと大きく転換していく穆王期の情況がよく伝わって来ます。

第十章「〈昭穆期〉の様相」では、この時期の銘文を〔Ⅰ〕「伐反荊」、〔Ⅱ〕「南征」、〔Ⅲ〕「成荊」、〔Ⅳ〕「戍于古自」に分類して、銘文の簡単な読解を試みました。〔Ⅰ〕〔Ⅱ〕が昭王南征関係の銘文。〔Ⅲ〕が、昭王期から穆王期にかけて、周の形勢が領土拡張から防御へと転換する時期の銘文。〔Ⅳ〕は穆王期の国境防備関係の銘文です。極めて専門的な話題ではありますが、この読解を通じて、対外関係の形勢の推移がよく分かります。特に国境防備に重要な役割を果たしたのは、淮水の北岸附近に設けられた「古師」という要塞ですが、そこに武器や食糧を送り込む軍事的な拠点であった「㝬」という「邑制国家」の存在も浮き彫りにされる結果になりました。かくして、以上の銘文から読み取れる〈昭穆期〉の様相は以下のようになります。

先ず、昭王の戦死（水死）によって周王朝が大きな打撃を受けたことです。そしてそれを契機に周の軍全体の足並みが乱れて、守勢に転じることになるのですが、淮夷の侵略が懸念されるため、その侵入経路である淮水北岸の要塞「古師」の防備に非常に力を入れることになるのです。そしてその生命線上にある肄は、その意味で最も重要な役割をもつことになります。またそれとは別方面で南夷の侵入が考えられる経路に「㔻《ひ》」という要塞がありますが、ここにも防備の軍を派遣するということになって、対外的な危機にさらされることになります。穆王期の西周王朝は王朝の再生を図りつつ出発するわけです。

第十一章「西周王朝支配構造の解釈」では、伊藤道治氏の意欲作『中国古代国家の支配構造』が論理的に直面する問題を提示しておきました。伊藤氏が、松丸道雄批判を媒介にしながら展開された西周王朝の支配構造とは、「周王を頂点とする当時の支配構造は、周王と領主層、領主層と士階層、或いは領主層と民との間に、それぞれ恩寵と忠誠、時には保護と服従といった関係が結ばれ、それが積み重なって成り立っていた」というものですが、「冊命形式金文」をそのような君臣関係の証しとして言われるわけですから、その出現時期である穆王期から君臣関係が強固になっていくことになります。伊藤氏の近年始められた西周王朝の官僚制度の研究も論理的にはそのような前提に立つものです。しかしそうなって参りますと、以前この同じ時期を「王権の衰退」と考えられたこととは論理的には両立しません。仮に貝塚氏の「中央集権の増大」説に転向しておられたとしても論理的には苦しいところです。

第十二章「冊令（命）形式金文と中央集権の問題」では、「冊（令）命形式」なるものは「周王朝の中央集権的傾向の増大、確立を表わすもの」（貝塚説）などではなく、むしろ西周王朝再建の努力であったということを、三つの点から述べました。

第一は、「冊令（命）形式金文」に見られる任命式がまだ定型化していないことです。官職名とその職事内容とは必ずしも一致しませんので、整然たる官僚制の存在は甚だ疑わしいものがあります。

第二は、王朝内の宮殿で任命式が行なわれる例の他に、王が出向して任命式を行なう例がとても多いということです。

第三は、貴族の世襲制と言われるほどの官僚制度は存在しなかったのではないかということを、再任型「冊令（命）形式金文」の例を見ながら述べました。その際、鍵を握っている「先王」の意味が、金文及び詩経・尚書の用例から見て「前王」の意味ではないことも確認しました。また「余」「女（汝）」も、一般に理解されそうな近代的な概念としての「われ」「なんじ」ではないことも用例から明らかとなりました。「先王」という語は、あるいは西周王朝草創期の王であり、すでに伝説化されてもいたらしい「文武（文王・武王）」特に「文王」の意味を内包するものであった可能性が高いと思います。

このように見てきますと、この「冊令（命）形式金文」なるものは、「周王朝の中央集権的傾向の増大」や貴族の世襲制を表わすものなどではなく、むしろ西周王朝草創期以来の君臣関係を相互に再確認することを通して、諸豪族と王朝との結び付きを再度強固なものとすることによって、王朝の分裂を回避しようとしたものではなかったかと思われます。

第十三章「王統譜の出現」では、一九七六年に周原の扶風県で出土した《史牆盤》の銘文に見られる王統譜を読みました。この王統譜に記された王名は、文王・武王・成王・康王・卲王（昭王）・穆王そして天子（共王）です。銘文には難解な語が多いため、十分に理解できたとは言えませんが、大意からすると、昭王と穆王との間で王の性格が大きく変化していることが分かります。つまり、昭王までの王には軍事王としての性格が強く、穆王・共王は祭祀王としての性格が強くなっているということです。言い換えれば、穆王以降の王がそれまでもっていた軍事王としての性格を失い、祭祀王としての性格を強めたということです。ここの所は、日本の古代律令制国家の出発点（持統天皇）の時から、天皇が祭祀王として存在するようになったことと大変よく似ています。

《史牆盤》に見られた王統譜は、《史牆盤》出土以前には全く見られず、またその後もそのような王統譜は見られていないという空前絶後のものですが、それだけに長く金文の研究を続けて来た者にとってはやはり不審な点が残ります。具体的に言えば、「康王」という王名です。「康王」は文献資料では常識的な名前ではありますが、金文資料の中では、この《史牆盤》にだけ見られる王名で、それまではその時期に相当する王名としては「休王」の名が見えていたのです。「休王」という文献に見えない王名が金文資料に見えていて、「康王」の名が見えていなかったこと、しかも「康王」の名は、この《史牆盤》にしか見えていないということは、「康王」なる王名が、この共王期に出現する王統譜に初めて現われたものである可能性もあります。そしてその可能性の延長上に、〈休王〉系と〈康王〉系という二つの系統を想定することも可能ではないかと考えます。これはあくまで仮説の範囲にとどまりますが、昭王の戦死によって〈休王〉系が断絶し、王朝が存亡の危機にさらされた後、西周王朝を再建する課題を担って、新たに祭祀王としての性格を濃厚に帯びつつ登場してきたのが、〈康王〉系の穆王ではなかったか、ということも可能性としてはあると思います。

〈康王〉の存在に対するもう一つの疑問は、成王の死後直ちに行なわれる〈康王〉の即位式の次第を記した「周書」の「顧命」篇の文章が、明らかに西周時代後期から春秋時代にかけてのものであることです。

第十四章「創世神話と儀礼詩の成立」では、最近の民族学の成果を摂り入れながら、〈周族〉の民族意識の高まりと創世神話成立の関係を考えてみました。ここで援用したのは、太田和子氏の「現代の創世神話――新しい『民族』の生成――」という論文です。太田氏の採り上げられたのはアカディアンというカナダのフランス系の新生民族です。アカディアンが自らのアイデンティティーを強く意識するきっかけになったのは、アカディアンの間に伝わる「大追放」の話しを一大叙事詩にした、ロングフェローの「エヴァンジェリン」という作品です。これはやがてアカディアンの「創世記」、民族起源神話的性格をもつようになるとともに、アカディアンの共属意識つまり民族意識も高まっていって、ついに自らを「固有のユニークな民族」として自覚するようになったというものです。

このような民族起源神話的な叙事詩は、『詩経』の大雅篇にも収められています。「文王」「大明」「緜」「皇矣」「文王有声」「生民」「公劉」などがそれです。これらの詩篇を貫くテーマは、受命の王である文王による建国の正当性を主張する点に帰一しています。また、第十二章で採り上げた「先王」概念が「文武（文王・武王）」をかなり強く意識させる言葉であるとすれば、大変興味深いことでもありますし、そしてこれらの詩篇の成立の上限が共王期の次の懿王期頃であるという白川氏の立場に立つならば、その成立の背景が民族学に言われる内容と理論的によく一致するものにもなります。白川氏は〈魯頌〉や〈商頌〉に見られる国家神話の成立について、国際関係が緊張し、国家意識の異常な昂揚が見られる場合にしばしば見られると言っておられますが、大雅篇に見られる民族起源神話的な叙事詩の場合にも当てはまる理論だと思います。

最後に周王朝の儀礼詩を見ました。〈周頌〉の収められた「振鷺」「有瞽」「有客」の三篇です。これらの詩から読み取れるのは、殷の祖神が周の祖神に習合していく過程を儀礼化したものであることです。西周時代前期にはまだ殷的な要素が濃厚だった西周王朝の儀礼体系が、穆王期以降次第に周的なそれへと転換していったわけですから、その時期以降に成立したこれらの詩を通して、殷系の氏族たちがそのままの形で、周王朝に参画していった過程を見ることができます。

西周王朝の時代特に中期頃に当る〈昭穆期〉がいかなる時代であったかという積年のテーマに対して、ようやく私の考えているところを、総論的にまとめることができました。金文と西周史の研究は、現在長い一種の停滞期に入っていると言っていいと思います。この時期の出土資料は加速度的にその質と量を加えているにもかかわらず、西周王朝をいかにとらえるかという最も重要な問題には、二律背反的な解釈が対峙していて、ほとんど進むべき道の見えない状態にあります。そのような現状に対して、微力ながらも一つの新たな道をつけることができるならばこれ以上の喜びはありません。

今回の論文をまとめる上で、最も恩恵を受けたのは恩師白川静博士の膨大な著作からですが、そこから出発しながらも、また多くの先学からも学恩を受けているのは申すまでもありません。いちいちその名を記すことは致しませんが、深甚なる謝意を表するものであります。

第二部　「令」字論序説

はじめに

今回お話ししたいと考えておりますのは、「令」という文字がもつ本来の意味つまり原義についてです。これを字形の面からも追究していきたいと考えています。しかしおそらく大方の方は、この「令」という文字の意味など辞書を見れば直ぐに分かるのだから、今さら改めて穿鑿しなくてもいいだろう、重箱の隅をほじくるようなつまらぬ真似はやめて、まだ意味の分かっていない別の文字の追究に専念すべきなのではないか、とお考えになるかも知れません。確かにそういう語彙論的な意味でなら、格別新しい意味などないのかも知れないのですが、しかし翻って文字の成り立ちについて考えてみますと、文字というものが生まれ使われるには、それ相応の社会的必然性があった筈ですし、それぞれの文字が生み出される背後には、それを生みだした社会のもつ約束事と言いますか、ちょっと堅い言い方をすれば社会的論理というものが隠されていると思います。したがって一つの文字を追究する過程で、その背後にある社会の姿が以前より少しは見えてくるという側面もあるわけです。そういうふうに捉え直しますと、この「令」という文字を考察する意味も少しはご理解頂けるのではないかと思います。

前回お話ししました『西周〈昭穆期〉の位相』(1)についてすでに目を通して下さった方には、この、王権と深く関わっている「令」という文字のもつ重要な位置を、ご理解頂いていると思いますが、今回改めて論じるに当りまして、その問題点を簡単に振り返っておくことにします。

「命」という文字は、「冊令」という語とともに、西周時代中期の穆王期頃の銘文にはじめて現われますが、この「命」という文字は、それまで使われていた「令」という文字に「口」の形が加わることによってできています。「口」は永年誤解されてきたような人間の口を表わすものではありません。その原形は「𠙵」となっていて、「ノリト」を容れる器の形を表わしています。この解釈は白川静氏の優れた発見になるもので、『甲骨金文学論叢《こうこつきんぶんがくろんそう》』という書物の中で詳しく論証されておりますから(2)、是非ともお読み頂きたいと思いますが、この解釈は今回の私の話しの中でも重要な意味をもってきます。ただ「ノリト」の捉え方そのものについては、白川氏と私の間に若干の差異がありまして、これも今回の話しで重要な意味があるのです。とは申しましても話しの進め方としては、ここでその差異をあらかじめ強調しておくということではなく、今回の話し全体の中で自ずから理解して頂けるようにして行きたいと考えています。

さてその「ノリト」を容れる器の形をした「口」が「令」に加わって「命」となるのと時を同じうして現われる「冊令」という語、これは、王の命令を記した文書である「冊書（策書）」を以て発令するという意味の言葉です。この「命」字と「冊令」という語が現われる穆王期から、王命の内容を文書に書き記した上で発令するということが始まったわけです。[3] こうしたことを書き記した銘文が、これまで「冊命形式金文」と呼ばれてきたものです。いわば文書政治の端緒と言っていいでしょう。しかしそのように命令の文書化が始まっても、実際の発令の場ではこれまでの習慣通り口頭でもって発令されていたわけで、そうしたことは「冊命形式金文」の中に表わされていますが、それが随分後世になっても引き継がれていることは、後漢時代の許慎の『説文解字』に「令發號也。从亼卪」[4]（令は發號するなり。亼卪に从ふ）〔九上〕と書かれていることからも分かります。「號嘑也」（號は嘑なり）〔五上〕という記述も見えますから、かなり大きな声でもって命令が発せられたわけです。

「ノリト（祝詞）」というものは「神」に奏上するものである、という考え方が現在漠然と流布していると思いますが、またそれとは逆に、「ノリト（祝詞）」は「神」が発するものであるという考え方があります。これらは一見相反する考え方に見えますが、こういう相矛盾する命題を見事に統一的に捉えたのが折口信夫です。折口は「ノリト」というものを「王命」と捉え、それを国家形成の最も中枢に位置する概念として据えています。折口の一連のノリト論がそのような観点から展開されていることについて、これまで折口の熱狂的なファンでさえ気付いてこなかったことは、不思議であり残念なことですが、今回のお話しで注目して頂きたい重要な問題の一つです。そして興味深いことにこの折口理論が、国家形成の問題を考えるだけでなく、青銅器に彫られた銘文を考える場合にも大変参考になるのです。折口信夫という人はとかく熱狂的天皇主義者のようなイメージを持たれがちですが、実際には「神」に対する考え方も大変冷静です。その点では、マルクス主義者たちの頭ごなしの否定と比べれば遥かに質の高いものです。マルクス主義者をはじめとする唯物論者はいとも簡単に「神」の存在を否定するために、古代における「神」がいかなるものであったか、という考察にまではなかなか思いが及ばないのでしょう。

今回の論考では、「令」という文字の原義を「ノリト」と捉える立場に立って「ノリト」概念をも吟味しつつ、国家形成の問題に関する私の考え方を提出させて頂きたいと考える次第です。

第一章　『説文解字』の「令」字解——発号の場としての「令」

一　『説文解字』の「令」字解

一見自明とも思われる「令」という文字について、これから検討したいと思います。こういう場合には先ず、最も古い文字学の書物である後漢時代の学者許慎の『説文解字』を見るところから始めるのが一般的ですので、私もそこから始めます。『説文解字』には「令發號也。从亼卩」（令は發號するなり。亼卩に从ふ。）〔九上〕と、例によって極めて簡略に記しているだけですので、これだけではまだ十分な理解にはいたりません。そこで今度は、「號」という文字の項目も見てみますと、そこには「號嘑也」（號は嘑なり）〔五上〕と書かれています。「嘑」は大声を発することですから、許慎の説く「令」は、かなり大きな空間において肉声でもって発令する意味ということになります。「かなり大きな空間」というような漠然とした言い方をしましたが、許慎の時代で具体的に考えますと、後ほど改めてお話ししますように朝堂がそれに相当します。我が国の古代律令国家でも同様でありまして、〈命令〉は朝堂院の中の大極殿とその前に広がる前庭つまり朝廷において、肉声をもって発せられていたわけです。この「肉声をもって発令する」という点では、初期の古代王朝においては共通するものがあったようです。お上の命令が文書で出されるのが常態だと思っている我々現代人の感覚からしますと、随分原始的な印象を受けますが、古代王朝では、王の命令が肉声で発せられるというところに重要な意味があったのだ、ということを絶えず念頭に置いておかなければなりません。このことはまた追い追い話しの中で補っていくつもりです。なお因みに、注釈書としてよく用いられる清代の段玉裁の『説文解字注』には、「發號者發其號嘑以使人也」[1]（發號とは、その號嘑を發して以て人を使ふなり。）と解説しています。

さきほどの「令」の説明のうち、「亼卩に从ふ」というのは字形の説明です。これだけではやはりよく分かりません。「亼」「卩」それぞれに別の項目を設けて説明していますので、そちらを見てみましょう。まず「亼」を、「三合也。从入一象三合之形。凡亼之屬皆从亼。讀若集」[2]（三合するなり。入一に从ひ三合の形に象る。凡そ亼の屬皆亼に从ふ。讀むこと集のごとし。）としています。単に三つの線が合しているという、目で見た通りに説明されているだけですので、それがなぜ「集」の意味になるのかというところまでは記されていませんが、許慎なりに何か根拠があってそう説いているに違いありません。

「卩」の項では、次のように記されています。[3]

瑞信也。守邦國者用玉卩。守都鄙者用角卩。使山邦者用虎卩。土邦者用人卩。澤邦者用龍卩。門關者用符卩。貨賄用璽卩。道路用旌卩。象相合之形。凡卩之屬皆从卩。

（瑞信なり。邦國を守る者は玉卩を用ふ。都鄙を守る者は角卩を用ふ。山邦に使いする者は虎卩を用ふ。土邦には人卩を用ふ。澤邦には龍卩を用ふ。門關には符卩を用ふ。貨賄には璽卩を用ふ。道路には旌卩を用ふ。相合するの形に象る。凡そ卩の屬皆卩に从ふ。）

いつもはそっけないほど簡略な書き方になっている『説文解字』の説明が、ここでは少々長くなっているのは、『周礼』巻第十五〈地官　司徒下〉「掌節」の記述をほぼそのまま転用したからですが[4]、「瑞信」というのは、王の派遣する使者がしるしとして帯びていく割符のことです。このことはまた後ほど改めてお話しします。「卩」は「節」の意味ですので、「符節」と言ってもいいでしょう。符節を合するなどという時の「符節」です。割符には、派遣先に応じて様々の割符があり、使い分けていたという意味での細かい説明が加えてあるわけです。恐らくその割符を帯びた使者が、その派遣先では王の資格で「王命」を読み上げていたことが想像されます。そういう点では、我が国の律令国家時代の使者も同じようにやっていたようです。このへんのことは早川氏の綿密な研究によって分かっています[5]。

ところで許慎が言おうとしているのは、「令」は大声で命令を発するという意味の文字であり、そのことが字形の「集」と「節」でもって表わされている、ということだと思います。ただここでお断りしておかなければならないのは、「亼」が「三合の形」で、「卩」が「瑞信」であるという許慎の説明は、甲骨文や金文を知らなかったためにそうなった、時代的な制約による誤りであります。甲骨文や金文の「卩」部分の形は明らかに人が拝礼をしている形になっています。このことは後に詳しく論じていくテーマですので、ここではこの程度にとどめておきますが、そういう字形解釈の誤りはさておいて、許慎の説明から想像できますのは、許慎の後漢時代における発令の「場」の様相です。恐らく王の命令が発せられる場合には、大勢の臣下が会集する中で、王命が肉声でもって発令され、その時符節を伴った文書があったのではないか、ということです。許慎は、そうした実際の発令の場を想定しながら、「亼」を大勢の臣下が会集する場所と捉えて、「読むこと集のごとし」としたのであり、「卩」を「瑞信」つまり符節の形と捉えたのではないか、と私は解釈しているのです。つまり、許慎は「亼」の形が朝堂を象徴的に表現するものと考えた、という理解の仕方なのです。この件については後に改めてお話しすることに致します。

二　後漢時代における朝堂の機能――官僚会議の場、儀礼（政治）空間

　そのような原初的な形態を裏付ける一つの資料として、我が国の発令の形態も後ほど見ていくことにしますが、その前に、『説文解字』の著者許慎の後漢時代には、〈朝堂〉で命令が発せられていた点について、もう少し具体的にお話しておきたいと思います。今までこういう観点から論じられたものがほとんど見当たりませんので、文献をシラミ潰しに調べていくということになってしまいそうですが、先人の研究で利用できるものはできるだけ利用したいと思います。ここでは、渡辺信一郎氏の『天空の玉座――中国古代帝国の朝政と儀礼』[6]という労作を使わせて頂きます。元来この書物は、古代中国の皇帝が一元的支配を獲得するにいたる歴史的過程を、綿密な文献調査を通じて浮き彫りにしている研究書です。手法としては、宮城内の建築物の役割と位置の変遷、特に発令の場所であった〈朝堂〉の歴史をたどることによって、皇帝の一元的支配の歴史的過程を浮き彫りにしたものです。この種の考古学的関心からの研究はすでに佐藤武敏氏の「唐の朝堂について」という先蹤がありますが[7]、渡辺氏のものはその成果をもに採り入れながらさらに綿密にしたというにとどまりません。むしろ佐藤氏の研究レベルを遥か

に超える質の高いものです。ここでは「発令の場」をできるだけ具体的に知りたいという問題意識からお話しいたしますので、渡辺氏の忠実な紹介というわけには参りませんが、その点ご容赦願いたいと思います。

命令が発せられた空間である〈朝堂〉がいつ頃からあったのかと申しますと、前漢の始め頃にはまだそれらしきものは存在せず、早くとも前漢後期の宣帝頃からであろうというのが渡辺氏のご意見です。もっとも、『文選』に収められた後漢初めの班固の「両都賦」や張衡の「西京賦」には、あたかも〈朝堂〉が前漢期に存在したかのような記述がありますが[8]、その実班固の著した『漢書』には〈朝堂〉に関する記述が全くないのですから、疑問視せざるをえません。それというのも、「『後漢書』その他には、後漢期の朝堂について一八例の史料が存在する」〔五六頁〕とのことですから、この疑問は当然のことです。渡辺氏が宣帝以後のことと考える根拠を、「尚書制度・宗廟制度など後漢につながる漢代の諸制度の多くが、宣帝以後、とりわけ元帝・成帝二代にかけて整備されるからである」〔五七頁〕と明確に記しておられますが、ここでの話しは発令の場としての〈朝堂〉について考えるわけですので、この辺の考証は一応横に置いておきたいと思います。ただ、事柄を発令の場ということだけに絞っていうならば、前漢時代で〈朝堂〉が現われる以前には、未央宮の前殿特に宣室で発令されていたということも考えられます。これは、最近の未央宮発掘の進展に伴って追究されつつあるテーマですが、考古学的な成果は『漢長安城未央宮』(9)という発掘報告をご覧になるのがいいでしょう。未央宮の具体的な姿は今後の発掘によって更に詳しく分かっていく筈です。私自身もこうした関心から未央宮の発掘には深い関心を寄せている一人です。

さて渡辺氏によりますと、後漢時代の〈朝堂〉の機能には三つあったということです。第一に、公卿を中心とする官僚会議の場。第二には、皇帝の政令が伝達される政治空間。第三には、儀礼空間（儀礼が行われる正殿の控え所）がそれです。ただこれを私自身の解釈で整理しなおしますと、第二の場合も所定の儀礼的手続きをもって挙行されますので、第三の儀礼空間の一種と捉らえなおすことができるのではないかということです。そうしますと、〈朝堂〉は公卿を中心とする官僚会議の場であると同時に、儀礼的な行事を行なう場でもあった、ということになります。この点で私は、渡辺氏の批判された佐藤氏の解釈と同じ考え方をとっていることになります。政治を儀礼と区別する考え方はもともと近代的な発想に基づくものですので、こういう古代的な世界を解釈する場合には十分に警戒しておく必要があります。実際、時代が下るにつれてこの〈朝堂〉で行われる儀礼は増加していくわけですから、この考え方が裏付けられると思います。

三　『後漢書』に見える〈朝堂〉空間

では後漢時代の発令の場である〈朝堂〉とはどのような存在だったのでしょうか？　もう少し具体的に見てみましょう。先ず後漢の人である有名な蔡邕の『独断』に、命令が発せられる時の細かい手続きが記されていますので、見てみましょう。

凡制書、有印使符、下遠近皆璽封、尚書令印重封、唯赦令贖令召三公詣朝堂受制書、司徒印封、露布下州郡(10)

（凡そ制書には、使符に印する有り。遠近に下す時には皆璽封し、尚書令　重封に印す。唯だ赦令・贖令の時には、三公を召して朝堂に詣らしめ制書を受けしめて、司徒　印封し、露布して州郡に下す。）

制書とは皇帝の命令文書のことですが、命令を発する時に、正しい使者であることを証明するための「使符」を持たせていました。それには先ず皇帝の御璽を押印した上で封をし、次いで尚書令が重ねて封印した後、遠近各地に下されるという手続きを踏んでいたのです。こういう一連の手続きが〈朝堂〉の中で行なわれていました。ただ赦令と贖令の時は手続きが幾分簡略化され、三公を〈朝堂〉に呼んで制書を受け取らせ、司徒が封印しただけでそのまま州郡に下した、とのことです。こういう形式のものを特に「露布」と呼んでいました。こうした一連の発令の手続きは無言の中で執行されるのではなく、必ず命令文を読み上げた上で発せられたわけで、そのことは当時の人々にとっては自明のことですから、一々歴史書にも記録しないだけのことです。その点では、発令の場所が〈朝堂〉であることを一々記していないことと同じです。

さてそれでは実際に『後漢書』の用例を見ながら〈朝堂〉のイメージを描いてみることにしましょう。私の見たところでは、『後漢書』に見える「朝堂」の用例は十七例あります。『後漢書』の他に先ほど見ました蔡邕の『独断』を加えると十八例になり、渡辺氏の調査と一致しています(11)。

①夏五月戊子、公卿百官以帝威徳懐遠、祥物顯應、乃竝集朝堂、奉觴上壽〔後漢書巻二顯宗孝明帝紀第二〕

②其有大議、乃詣朝堂、與公卿參謀〔後漢書巻十六鄧寇列傳第六〕

③湛至朝堂、遺失溲便、因自陳疾篤、不能復任朝事、遂罷之〔後漢書卷二十七宣張二王杜郭呉承鄭趙列傳第十七〕

④左右廷中、朝堂百僚之位、蕭曹魏邴、謀謨乎其上〔後漢書卷四十上班彪列傳第三十上〕

⑤伏見故兗州刺史第五種、傑然自建、在鄉曲無苞苴之嫌、歩朝堂無擇言之闕〔後漢書卷四十一第五鍾離宋寒列傳第三十一〕

⑥蒼坐朝堂、漏且盡、而求璧不可得、顧謂掾屬曰、若之何〔後漢書卷四十三朱樂何列傳第三十三〕

⑦詔百官議朝堂〔後漢書卷四十五袁張韓周列傳第三十五〕

⑧后兄車騎將軍憲北擊匈奴、安與太尉宋由、司空任隗及九卿詣朝堂上書諫、以爲匈奴不犯邊塞、而無故勞師遠涉、損費國用、徼功萬里、非社稷之計〔後漢書卷四十五袁張韓周列傳第三十五〕

⑨唯安獨與任隗守正不移、至免冠朝堂固爭者十上〔後漢書卷四十五袁張韓周列傳第三十五〕

⑩後以事與司隸校尉晏稱會於朝堂、酺從容謂稱曰〔後漢書卷四十五袁張韓周列傳第三十五〕

⑪鄧太后召勇詣朝堂會議〔後漢書卷四十七班梁列傳第三十七〕

⑫於是詔百官大會朝堂、皆從劭議〔後漢書卷四十八楊李翟應霍爰徐列傳第三十八〕

⑬詔公卿大會朝堂、令中常侍趙忠監議〔後漢書卷五十六張王种陳列傳第四十六〕

⑭初、瓊隨父在臺閣、習見故事、及後居職、達練官曹、爭議朝堂、莫能抗奪
〔後漢書卷六十一左周黄列傳第五十一〕

⑮及卓至、果陵虐朝廷、乃大會百官於朝堂、議欲廢立
〔後漢書卷六十四呉延史盧趙列傳第五十四〕

⑯武既輔朝政、常有誅翦宦官之意、太傅陳蕃亦素有謀、時共會朝堂、蕃私謂武曰
〔後漢書卷六十九竇何列傳第五十九〕

⑰大臣多有不同、乃召百官議朝堂〔後漢書卷九十烏桓鮮卑列傳第八十〕

この中で⑦「詔百官議朝堂」（百官に詔して朝堂に議せしむ。）あるいは⑰「召百官議朝堂」（百官を召して朝堂に議せしむ。）と見えるのが代表的な表現のようです。「百官」はまた「公卿」とも言い換えられ、時には①の例のように「公卿百官」という表現がとられることもあって、すでに表現の類型化が見られます。④の文は、実は六朝時代に編集された有名な詩文集『文選』の冒頭を飾る班固の「両都賦」の語句をそのまま用いたものですが[12]、その「朝堂百僚」は〈朝堂〉に集う百官を言い換えたものでしょう。このように〈朝堂〉は公卿・百官が大勢集まって会議する場所であり、またそこに集まってくる官僚及びその総体としての機関をも表わす言葉であったと解釈していいでしょう。後者のような例には、④・⑤・⑨があります。大事な議題

の時には特にこの〈朝堂〉に集い、慎重な審議を行なったことを示す例としては②の「其有大議、乃詣朝堂、與公卿參謀」（其れ大議ある時には、乃ち朝堂に詣《いた》りて、公卿と參謀す。）があります。『後漢書』に見られる〈朝堂〉は、今風に言えばさしずめ国会議事堂といったところになるでしょう。用例の数から言えばこれが主要な用途であったということになります。このような意味で用いられている用例は②・⑦・⑧・⑫・⑬・⑭・⑮・⑰です。

しかしこのように大勢が参集する時だけに使われるのではなく、小規模な会議・あるいは合議の場としても使われていたようです。⑯などは竇武と陳蕃との一種の密談を記したものですから、実際にこの密談が朝堂で行なわれたかどうかという真偽のほどはやや疑問が残るものの、そういう風に使われることもありうる場所である、と考えられていたと見做すことができます。

⑪は竇太后が班勇を朝堂に召して、「西域」を棄てるか否かの相談をしたことを記した例で、かなり私的な使い方になっています。⑩もそういう例で、張酺が晏称と朝堂において私的で重大な話しをしたという出来事を記すものです。

しかしそうした会議場としての用例以外に、儀礼を行なう場所でもあったことを示す例もあります。例えば①などは公卿百官が朝堂に集まって、明帝の長寿を祝う宴を催したことを記す例です。また⑥は、劉蒼が元旦の大朝賀の儀礼に参加しようとして、朝堂で待機していた時の様子を記した記事で、朝堂が控えの間として使われることもあったことを示す例です。『後漢書』に儀礼を行なうことを記した記事はこれだけですから大変少ないわけですが、『三国志』には次のような例があって、やはり儀礼の場として位置付けられていたことが分かります。こうした例は、儀礼の中でも特に公的で大規模に行なわれる儀礼の場合には〈朝堂〉が用いられていたことを物語るのではないかと思います。

會以五年正月五日至、其明日、悉請護軍・郡守・牙門騎督以上及蜀之故官、爲太后發喪于蜀朝堂(13)〔三國志巻二十八魏書二十八王毌丘諸葛鄧鍾傳第二十八〕

（會、五年正月五日を以て至る。其の明日、悉く護軍・郡守・牙門騎督以上及び蜀の故官を請ひて、太后の爲に蜀の朝堂に喪を發す。）

この記事は、鍾会が、太后の為に「蜀の朝堂」で大々的に葬儀を営んだことを記すものです。

ここまでは渡辺氏の研究に寄り掛りながら、〈朝堂〉なる建物の性格についてお話しして参りました。ここで用いられている公卿（貴族）や百官という言葉は、もともと王朝という存在を前提とした名称です。仮に王の存在を除外して考えてみるならば、彼らは有力氏族あるいは豪族たちということになるはずです。〈朝堂〉というのは、いわばその豪族たちと王とがマツリゴトの場で接する独特の意味をもった空間ではないか、というのが私の考えなのです[14]。しかし興味深いことに、その〈朝堂〉そのものは、やがて次第に正殿から遠ざかって行って、唐代にはついに宮城正門の前にまで追いやられ、これまでの役割を果たさなくなってしまいます。このことの意味を渡辺氏は、「六朝期の公卿議政の場から、皇帝の一元的朝政が全社会へ向かって発出する窓口へと転換したのである」〔九七頁〕としておられるのは、実に興味深いものがあります。これを私流に言い換えますと、政治的には皇帝と対等に近い独自の位置にあった有力氏族群の合議が、唐代にいたってついに皇帝権力の下に組み敷かれてしまったということであります。

四　わが国の律令国家成立期における発令——その音声の世界

今度は、発令のより原初的な形態を見る意味で、我が国の律令国家成立期における発令の具体的な様相を見てみたいと思います。律令制そのものは中国から輸入したものですので、制度的には中国式になっていくはずですが、しかし律令国家が成立したからといって、あらゆるものが突然中国的になるわけでもないのです。表面的には中国的でありながら、実際にはまだまだそれ以前の形態を残している場合もあるわけで、この発令の場における肉声の世界もまたそのような例の一つであります。

日本の律令国家が成立したのはご承知のように七世紀末のことです。具体的に振り返っておきますと、近江遷都（六六七年）の四年後に天智が亡くなった後、王位を争ういわゆる壬申の乱（六七二年）が起こります。これは列島を分裂させる可能性の最も大きな事件でした。この内乱が長引いていたなら、列島の統一と律令国家の建設は挫折していたことでしょう。しかしこの乱で、天智の弟である天武が勝利を収めたことによって、統一の道は大きく前進します。そして十四年後に天武がなくなって再び王位継承争いの起こる危機的な状態とはなりますが、女帝持統天皇の即位によってかろうじて分裂を回避します。もっとも天皇の政治的実権そのものは大きく後退するという局面を招きはしますが、むしろそのことによって天皇制と律令国家が成立したと言っても言い過ぎではないと思います。なおこの律令国家の成立によって直ちに列島に安定がもたらされたわけではありませんが、白村江で大敗を喫した後の対外的な危機状態から大きく脱出していくのです。

この律令国家の成立によって、藤原京への遷都（六九四年）、大宝律令の完成（七〇一年）というふうに、国家の形態を次第に中国風に整えていったこともご承知の通りです。しかしこうした外的な変化の陰に隠れてあまり注目されない変化ではありますが、実際には日本の文化を大きく変えていく契機となった出来事があります。それは、政治的実務を行なう上で文字を使用しはじめたことです。これを文書政治の幕開けと言ってもいいでしょう。もちろん、それまでの飛鳥王朝や近江王朝が文字を知らなかったわけではありません。例えば都の帰化人を中心とした知識人の間ではすでに、大陸文化が相当程度浸透していたであろうことは容易に想像されることです。しかしそれはあくまでごく少数の例外的な人たちの間でのことでした。そうした状態から大きく転換していくのが、律令国家成立に伴う全国規模での文書政治の開始です。いざ文書でもって政治的実務が行なわれはじめますと、これは都の中にとどまらず、全国規模で文字の使用が広まっていきます。自然に広まっていくというよりも、政務に携わる人たちが大急ぎで文字を覚えなければならなくなった、というのが実情でしょう。この頃から急速に増えていった仏教寺院の建立は、この文字使用のための学校建設という意味も帯びていたわけです。

さてこのように急速に文字使用が広まっていったわけですが、しかしすべての処理を文書で行なうというわけにも行かなかったのです。古代における政治の場というのは、近代国家の政治の場とは違って儀式の場でもあったことはよくご承知の通りです。儀式の形式の上でも次第に中国化していく方向ではあったのですが、日本古来の固有の形式も同時に残存しています。例えば、拝礼の仕方一つをとっても、後に述べますように、古来の匍匐礼・跪礼から立礼へと大きく中国化していくまでに随分時間がかかっていることからもお分かりいただけると思うのですが、政治実務に文書を使用するようになっても、音声の世界はそうたやすくは消滅しなかったのです。こうした政治の世界に占めていた音声の世界の重要性に注目して、大変精密な研究を行なっておられるのが早川庄八氏です[15]。ここでは早川庄八氏の研究に全面的に依拠しながら、律令国家成立期頃の政治の場における音声の世界を暫く見ていきたいと思います。

先ず、任官の儀式からです。任官の儀式のことを除目と呼ぶことは、『枕草子』などにも出ていますのでよくご存知だと思います。その任官の行事での眼目は、口頭で任官を告知することでした。早川氏の「八世紀の任官関係文書と任官儀について[16]」の記述を引用してみましょう。早川氏は、「大宝令の施行直後つまり律令国家の成立直後から弘仁式編述のころまでの任官の行事について、つぎのように述べることが可能となる」〔三五〇頁〕として簡潔にまとめておられます。

大宝令においても養老令においても、敕任官と奏任官の任官にあたってその旨を公文書によって本人に告知する制は定められなかったが、しかしそれに代って、天皇の面前で口頭でその旨を本人に告知する方法が採用されていた。彼らに対する口頭での任官の告知は、朝堂院において行なわれる。そこでは任官者は大極殿前庭に列立し、天皇の大極殿への出御をまって、その面前で任ずる官と任ぜられる人の名が「唱」される。これが本人に対して行なわれる任官の正式な通告であり、また同時にそのことを官人一般に知らせる方法であった。〔三五〇頁〕

実はこの任官の儀式のやり方は、中国の西周王朝における任官の儀式のやり方と基本的にはほぼ同じです。日本の律令国家成立直後のやり方の方が原初的な要素である音声の世界を濃厚に留めています。ただ、日本の律令国家の場合も「任官簿」なるものが作られていたのですが、それは、あくまで任官後の異動を記録するために作成されたに過ぎないもので、いわば次回の任官の参考資料を整えるために造られたものであります。言い換えれば、任官の行事にあたって予め作成されたものではなかった、ということです。以上のことをまとめて言うために早川氏の言葉をお借りするならば、「日本律令制のもとでは、官職に任じたことを告知するための公文書としての官記ないし任官記は存在しなかった」〔三三八頁〕ということになります。早川氏の論文は、以上の主旨のことを論証するために詳密を極めておりますので、ここではその一斑をご紹介したに過ぎません。

さて、このような口頭での任官の告知を任官候補者はどのような思いで待っていたのでしょうか？　私たちにとっては人情としてむしろその方が興味深いことですが、よくご存知の『枕草子』に収められた「すさまじきもの」という有名な文章の中に、実にリアルに、またどことなくユーモアと悲哀を漂わせながら描いています。この箇所は以前にも採り上げたことがありますので、引用するだけにとどめておきます(17)。

除目に司得ぬ人の家。「今年は、かならず」ときゝて、はやうありしものどもの、ほかほかなりつる、田舎だちたるところに住むものどもなど、みなあつまり來て、出で入る車の轅にひまなく見え、物詣でする供に、「我も我も」とまゐりつかうまつり、物くひ酒のみ、ののしりあへるに、果つる曉まで、門叩く音もせず。

「あやしう」

など、耳立ててきけば、前驅おふ聲々などして、上達部など、みな出でたまひぬ。物ぎきに、夜より寒がりわなゝきをりける下種男、いともの憂げにあゆみ來るを、見るものどもは、え問ひにだに問はず。外より來たるものなどぞ、

「殿は、何にかならせたまひたる」

など、問ふに、いらへには、

「何の前司にこそは」

などぞ、かならずいらふる。まことに頼みけるものは、「いと歎かし」と思へり。つとめてになりて、ひまなくをりつるものども、一人、二人、すべり出でて、去ぬ。ふるきものどもの、さもえいき離るまじきは、來年の國々、手を折りて、うちかぞへなどして、ゆるぎありきたるも、いとほしう、すさまじげなり。〔第二十二段より〕

任官の可能性の高い家に親戚縁者が大勢集まって、任命が今か今かと期待して待っているのですが、結局任官行事の終わる明け方までお声がかからなかった期待外れの感情を「すさまじ」として描いているわけです。『枕草子』に描かれた出来事はおそらく十世紀末頃のことでしょうから、律令国家成立当初の八世紀初めから三百年ほどの間このやり方は基本的には変化していないということになります。肉声での発令というものが大きな意味をもっていたことが、これらによってもよく分かります。

五　西周王朝における任官式（冊令形式金文）

それでは中国ではどうだったのでしょうか？　中国の西周王朝における任官の儀式のやり方も基本的にはほぼ同じですが、私たちが直接資料として見ることのできる「冊命形式金文」の場合には、この音声の世界にさらに「任命記」のような文書である「冊書」が出現して参ります。銘文の中で「冊」と記されているのがそれです。「冊」は後に「策」とも書かれ、「冊書」すなわち「策書」でもあるわけですが、その「冊書」を読み上げながら任官を行なうわけです。これを「冊令」すると言います。また「冊令」という語の出現と時を同じうして現われるのが「命」という文字であります。この「命」という文字は、「令」に「口」つまり「𠙵」を加えた形です。「𠙵」は「冊書」を入れる器を表していますので、「命」字そのものが「冊令」の意味を持ちます。「冊命形式金文」とこれまで呼んできましたが、「冊命」という語は『春秋左氏伝』などの中に「策命」という語が出てくることから、これまで一般に使われてきましたが[18]、実際には同語反復ですから、本当は「冊令形式金文」と言わなければなりません。しかしここでは便宜上これまでの習慣に従って「冊命形式金文」という言い方も随時使うことにします。

さて話しがやや込み入ったことになってきましたが、私が今強調しようとしたことが何であったかと申しますと、穆王期から「冊令」及び「命」が同時に現われるのは、単なる修辞上の偶然的な現象ではなく、実際の任命式の中に「任官記」つまり「冊書」が現われるのが、穆王期からであって、それまでは「冊書」はほとんど用いられず、専ら肉声のみで任官式が行なわれていたであろう、ということです。肉声のみで任命式を行なうのはいわば原初的な形態です。このことは、さきほど見ました我が国の律令国家初期以来の任命式の実態が何よりも雄弁に物語っていますし、もともと文字を持たなかった周族の習慣からしてもその方が自然な形であっただろうと思います。以下、儀式形態がよく似ていることを理解していただく意味で、西周時代後期の《大克鼎》という典型的な「冊令（命）形式金文」を見ておきましょう[19]。

王才宗周、旦、王各穆廟卽立、及季右善夫克入門、立中廷北鄉、王乎尹氏、冊令善夫克
（王、宗周に在り。旦《あした》に、王、穆廟に格《いた》り位に卽く。䵼季《しょうき》、膳夫克を右《たす》けて門に入り、中廷に立ちて北嚮《ほくきやう》す。王、尹氏を呼びて、膳夫克に冊令せしむ。）

王が宗周にあり、早朝、穆廟に出御し、所定の位置に即いた。䵼季なる人物が右者（輔佐役）として、膳夫の克〔人名〕の行動を輔佐しながら門より入り、中廷に立って、王のいる北に向いた。王は、尹氏を呼び、膳夫克に命じさせた。

先ず、王が任命式の場に出御します。ここでは、宗周の穆廟がそれです。所定の位置というのは、恐らく穆廟の壇上にあったもので、そこからいわゆる南面したわけです。一方、命を受ける側ですが、たいてい右者が付いて受命者の行動を輔佐する形をとります。門から入り、任命を受ける広場（廷）の真ん中（中廷）に立って、王のいる北側に向くわけです。そしてこの後、実際の発令の役を受け持つもう一人の人物・尹氏を召喚し、受命者に対して尹氏から発令させます。その際、命令を記した文書つまり冊（策書）がありました。おそらくそれを読み上げたのでしょう。さきほど申し上げた「冊令」という行為です。このように穆王期以後の冊命式には、冊（策書）が出てくるわけです。そしてそれまでの音声のみによる原初的な任命式の形態から、文書による発令へと転換を遂げるかに見えますが、この音声による発号という形態そのものは後世までも根強く残っていくことは、『説文解字』の説明を見てもよく分かる通りです。

六　『春秋左氏伝』に記された冊命式

冊命式の最も古い用例である西周時代の銘文資料を見てきたわけですが、西周時代以降ではどのように行なわれていたのかを、文献資料によって見てみましょう。そうした資料を中国の陳夢家氏がすでに集めています。この陳夢家氏は、郭沫若氏とともに甲骨文・金文研究史の黎明期に重要な仕事をした学者として、記憶にとどめておくべき人ですが、実に肌理の細かい丁寧な仕事をした点で特筆に値します。しかし陳夢家氏は最初から甲骨金文の学者としてスタートしたのではなく、二〇代前半まではむしろ当時の現代詩人として活躍していた人だったというのは大変興味深いことです。迂闊にも、私はこのことを極く最近になって知りました。偶然手にした『陳夢家詩全編』[20]の藍棣之氏の「前言」にそのへんのことが詳しく書かれていたわけです。藍氏によりますと、彼は一八歳から二四歳までの間に、『夢家詩集』『在前線』『鉄馬集』『夢家存詩』という四冊の詩集を出しています。その詩の作風はかなり内省的で、陳氏がとても繊細な詩人であったことがよく分かります。陳氏の学問を見ておりますと、なるほどさもありなん、と合点がいくというものです。

甲骨文や金文のような古い文字を対象にした研究をやっている人は、とかくその人物までが古惚けた感性の持ち主のように思われがちですが、実際のところを言いますと、そういう古臭い感性の人間に、この方面のいい仕事ができる筈がありません。限られた資料から当時の社会状況や人間の関係を復元しなければならない甲骨・金文の研究だからこそ、却って豊かで優れたイマジネーションが求められるのです。と言いますのも、その当時の有り様を再構成する場合に、単に自分の恣意的な空想力を働かせて、いかにもお誂え向きの世界を描いてみせるということではなく、その時々の古代学の新しい成果に即しながら、また資料にできるだけ忠実でありつつ、当時の現実世界を頭の中で生き生きと描き出さなければならないからです。その意味で、この陳夢家氏や郭沫若氏が優れた詩人として出発した人たちであったことは、とても重要なことです。我が国でも、日本の古典文学や歴史に対する造詣の深い白川静氏が、甲骨金文学方面において驚くほど清新で画期的な仕事を成し遂げられたことは、ご存知の通りです。

しかしそれにしても、この陳夢家氏が、あの嵐の吹き荒れたような文化大革命の最中に自ら命を絶ってしまわれたことは、痛恨の極みです。

本題に戻りましょう。陳夢家氏の「西周銅器断代（三）」[21]「九　西周的策命制度」の「丙　文献中的策命」という項で、氏が「策命」と考えられるものを列挙していますが、先程ご覧いただいた銘文資料と同じような形式を忠実に反映する資料はありません。氏が挙げている資料の中には、西周時代の王の即位式の次第を記した『尚書』の周書「顧命」篇なども入っていて、重要であるには違いないのですが、今ここで私たちが求めているものではありませんので、また別の機会に見ることにしましょう。冊命形式金文に比較的近いものはむしろ『春秋左氏伝』に見られる次の例です。

王命尹氏及王子虎・内史叔興父策命晉侯爲侯伯、賜之大輅之服・戎輅之服・彤弓一、彤矢百、玈弓十玈矢千、秬鬯一卣・虎賁三百人、曰、王謂叔父、敬服王命、以綏四國、糾逖王慝、晉侯三辭、從命、曰、重耳敢再拜稽首、奉揚天子之丕顯休命、受策以出

〔『春秋左氏傳』僖公二十八年〕

(王 尹氏と王子虎・内史叔興父とに命じて、晉侯に策命して侯伯と爲さしむ。之に大輅《ろ》の服・戎輅の服・彤《とう》弓一・彤矢百・玈《ろ》弓十・玈矢千・秬鬯《きよちやう》一卣・虎賁三百人を賜ひて、曰く、「王 叔父に謂ふ。『敬して王命に服し、以て四國を綏んじ、王慝を糾逖せよ。』」と。晉侯 三たび辭して、命に從ふ。曰く、「重耳 敢へて再拜稽首して、天子の丕顯なる休命を奉揚せん」と。策を受けて以て出づ。)

王が尹氏と王子虎と内史叔興父に命じて、晋の文公に冊命し侯伯つまり諸侯の長となさしむ、というのが冊命の内容です。侯伯は後の言い方では霸となります。策命としては大変重要なものです。策命に伴う賜物を列挙している点では西周時代の冊命形式金文と似ています。また「秬鬯一卣」や「彤矢」など西周時代以来のものも見えますが、[22] 西周時代の金文に見られる賜物とはかなり違ってきています。また「再拝稽首」という表現などは西周期の銘文では単に「拝稽

首」と記されるだけで、春秋時代の《叔夷鐘》の銘文などになってようやく「再拝稽首」が出て来るわけです。(23)「天子の丕顕なる休命を奉揚せん」とある「奉揚」という言葉なども金文では使われず、もっぱら「対揚」と表現していました。(24)このように語彙の上ではかなり違うものがありますが、形式的には西周期の銘文に近いものを感じさせます。西周の冊命式を形式的には受け継いでいると考えていいでしょう。

さて今ご覧頂いたように春秋の五覇の一人として数えられる晋の文公重耳がここに出て来ますが、春秋の「五覇」というのはかなり後世になってからの呼び方で、『春秋左氏伝』の中には出て来ません。「五覇」という語は、おそらく五行思想的な発想からきたものでしょう。『春秋左氏伝』に「斉桓晋文」という呼び方が出て来ますように、(25)春秋時代に覇者と見做されたのは斉の桓公と晋の文公だけです。そして何よりも面白いのは、この二人の覇者の共通点が、いわゆる有徳の士とは正反対と言ってもいいような、荒くれで未熟そのものの人間であることです。その意味では漢の高祖劉邦とも共通しています。覇者たるものは有徳の士でなければならない、などというのは後世の体制派的な儒家の考えであって、実際には道徳家の考えるような理想的な人物が王になるわけではないのです。こういうことからも、「徳」という言葉が元来道徳的な意味をもってはいなかったことを思い起しておく必要があるでしょう。この点については以前に、『西周〈昭穆期〉の位相』の中で「カリスマ」という語に結びつけてお話ししたことがありますので、思い出して頂ければ幸いです。(26) 翻って考えれば、現在における「徳」であっても儒家の言うような意味での、善なる意味としての「徳」とだけ考えていいかどうか、甚だ疑問の面があります。私自身は「徳」という語を「カリスマ」という語をも意識しながら、「人を引きつける力」というふうに解釈していますが、この問題はまた別の機会に改めてお話しすることに致します。

以上ここまでは、我が国古代の発号の様相や中国の西周王朝から後漢時代に至る発号の具体的な場面を見ながら、『説文解字』の「令」の字解に現われた当時の発号の場の具体的な様相を想定してみました。では「亼」や「卩」を先人の学者たちはどのように考えていたのでしょうか？　この点についても大変興味深いものがありますので、章を改めてお話ししたいと存じます。

第二章 「令」の字形解釈の諸説について

——字形解釈上の問題点

一　はじめに

前回取り上げた許慎の『説文解字』の「令」に関する説明は、「令」本来の字形を知らなかったためにかなり強引なものとならざるを得なかったのですが、その分、当時の命令の形態を問わず語りに語るものとなっていたとも言えます。しかし字形の解釈としてはやはり不適切と言うほかはありません。その後も字形解釈の上で様々な試みがなされて来ました。例えば、「六書疏証」などは、「卩」を「節」とした『説文解字』説からの連想でしょうか、「卩」を「骨節」としていますし、[1]「字義鏡新」などは、「令」字形を鈴の形として、「卩」を鈴の「舌」の形と見ています。[2] 実に愉快な説だと言うと失礼かも知れませんが、苦心の妙案とでも言うべき説が色々と現われたものです。しかし、これらはあくまで甲骨文や金文の字形を実際に見ることのできなかった時代の限界と言う外はありません。甲骨文や金文の字形を見れば、下部の「」「」

が人の形であることは一目瞭然です。（第１図）ただこの「[illegible]」「[illegible]」で表わされた人物や上部の「亼」をどう捉えるかという点については、甲骨文が発見された後も様々な解釈があって、まだ共通した理解を獲得するには至っておりません。そしてまた、甲骨文や金文を読解する上では、「令」字は命令の意味以外には殆ど用いられていないため、「令」字形の解釈が色々あったとしても、文の意味を取り違えるというような重要な問題が起こりにくいということもあって、やや等閑にされている感さえあります。それでここで、順を追って諸説に検討を加えることにしたいと思います。

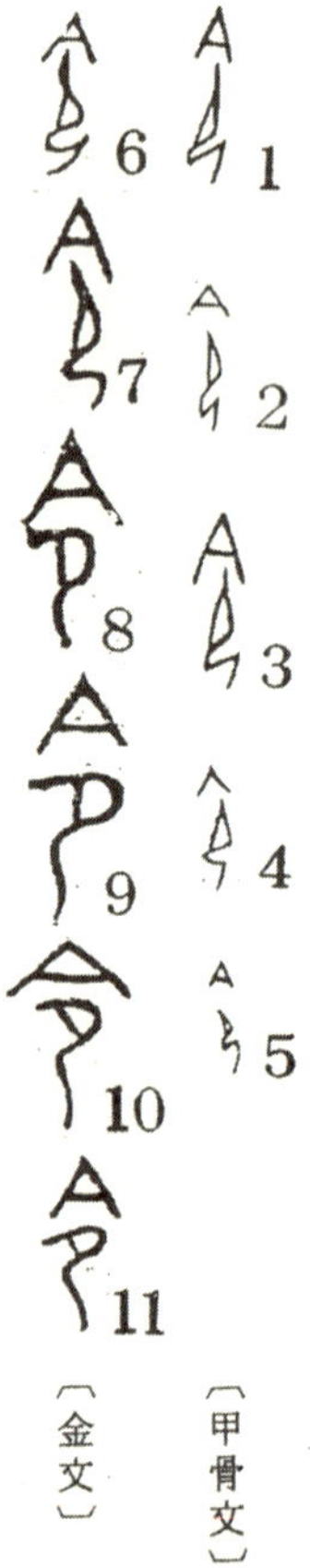

第１圖

二　「令」字中の亼字形解釈（一）「口の倒形」説

先ずこの「〓」「〓」つまり「人」を発号者と見るか受命者と見るかという問題から入りたいと思います。比較的最近の人である劉興隆氏が「象人在室内或傘下之状、寓有向外、向下発号施令之意」(3)（人が室内あるいは傘の下にいる様子を描き、外に向かいまた下に向かって発号施令する意味に寓している。）として発号者と考えている以外は、みな受命者という解釈を示しています。甲骨文・金文の字形によりますと、この「人」は「〓」のように膝を屈するか「〓」のように上体を前屈するかしています。礼の仕方に差異があるのには違いありませんが、いずれも拝命の形であることは明らかです。このような姿勢で肉声をもって発令することなど到底考えられません。劉氏の字形観察が相当粗雑なものであることがよく分かります。さて次に「人」を受命者と考えた上で、上部「亼」の検討に入りましょう。

上部「亼」に関する従来の諸説は次の四つに分類できると思います。

（一）口の倒形

林義光「卪即人字、从口在人上、古作〓、作〓、象口發號、人跽伏以聽也」『文源』(4)

（卩は卽ち人の字なり。口の人の上に在るに从《したが》ふ。古は令に作り、令に作る。口もて發號し、人跽伏して以て聽くに象《かたど》るなり。）

李孝定「亼象倒口、篆文从口之字、籀文多作▽、例之則爲亼、籀文龠字作龠亦象倒口覆編管之上、可證、下从卩、乃一人跽而受命、上口發號者也」『甲骨文字集釋』(5)

（亼《しふ》は倒口に象る。篆文《てんぶん》は口の字に从ふ。籀文《ちうぶん》は多く▽に作る。之を例へば則ち亼に爲《つく》る。籀文の龠《やく》字は龠に作り、また倒口の編管の上を覆《おほ》ふに象る。證すべし。下は卩に从ふ。乃ち一人跽《ひざまづ》いて命を受け、上は口もて發號するなり。）

（二）人の（頭上に）戴くもの

中島竦「亼非集義、人所戴者也。凡說文亼集也之義皆非」『書契淵源』(6)

（亼は集の義に非ず、人の戴《いただ》く所のものなり。凡そ說文の亼は集なりの義皆非なり。）

（三）礼冠

白川静「金文の圖象的な字形に亼の部分を▲に作る者があり、旂や屋宇の意味でなく、▲はおそらく禮冠、神意を聞くとき、令はこれを戴いてその命を待つ象《かたち》とみられる」『說文新義』(7)

（四）屋宇

「庚午鼎、象屋宇象、朝廟受命者恭承之義、象鄙躬也」（『古籀補補』(8)）

（庚午鼎に屋宇の象《かたち》に象る。朝廟に受命する者 恭しく承くるの義なり。躬《み》を鄙《ひく》くするに象る。）

先ず（一）の説から検討します。林義光氏の「口もて發號し、人 跽伏して以て聴くに象るなり」という説は、拝命する人物の頭上から命令の声が聞こえてくるといった、いかにも古代宗教的な趣があって、誰もが一度はこう考えてみたくなる魅力的な解釈の仕方です。しかし字形の上で「口」だけが人体から分離して物を言う例はありません。また「口」の形を「亼」に描く例もありません。大きな口を開いてあくびをする場合には、「」のように書きます。また声を発する時には「」のように表わすのが通例です。もしもこれが「口」であるなら、むしろ「∩」や「𠙵」のように描かれねばなりません。

また林氏は「侖」なども「倒口」説で解釈していて、「思也、从亼冊、按卽論之古文、亼爲倒口、从口在冊上」(9)（思ふなり。亼冊に从ふ。按ずるに卽ち論の古文なり。亼は倒口爲り。口の冊上に在るに从ふ。）として、読書をして思索したり討論したりする研究会のような意味に解釈しています。読書はともかくとしても、討論の意味を表わすとするにはかなりの飛躍があります。つまり結論に到達する上での媒介項を欠いているわけです。これも「口」本来の字形を忘れた解釈であるという意味で、無理があることは否めません。

　李孝定氏の説も同じような解釈ですが、こちらは「侖」の篆文からの類推なのでしょう、「侖」を「倒口の編管の上を覆ふに象る」としています。しかし甲骨文では「侖」は「Ａ」を書かずに下部のみの「𠕁」で表わす場合もあります。つまり「Ａ」を必ずしも必要としていないわけです。これまで繰り返しお話ししてきましたように「口」の本来の形は「∩」や「⋂」であって「Ａ」そのものは口以外の何ものかであると考えた方が適切であろうと思います。

三　「令」字中のＡ字形解釈（二）「人の頭上に戴くもの」説

（二）の「人の（頭上に）戴くもの」説に参ります。中島竦氏は、「李陵」や「弟子」「山月記」で有名な中島敦の叔父に当たる文字学者ですが、その中島のもう一人の叔父である中島端（斗南先生）とは対照的な人物として、「斗南先生」の中で次のように書かれています。(10)

　其の叔父〔斗南先生――引用者注〕の直ぐ下の弟――つまり三造にとつては齊しく叔父であるが――の、極端に何も求むる所のない、落著いた學究的態度の方が、彼には遙かに好もしくうつつた。その二番目の叔父は、そのやうにして古代文字などを研究しながら、別にその研究の結果を世に問はうとするでもなく、東京の眞中に居ながら、髮を牛若丸のやうに結ひ、二尺近くも白髯を貯へて隱者のやうに暮してゐた。

この中島竦氏の『書契淵源』は、金文の字形にもとづいてかなり自由な解釈を展開するユニークなものですが、ここで字解の為に選ばれた《子命乍父癸殷》〔第2図1〕や《成周鈴》〔第2図2〕の「令」字などは、ご覧のように字形が極めて特殊な例外的な形態をしていますので、「令」の字形を説明するにはあまり適当ではありません。さらにまた、「令之孳乳」つまり派生字として掲げられている《乙亥方鼎》〔第2図3〕・《文父辛尊》〔第2図4〕・《辛子敦》〔第2図5〕字形に見られるような、頭上に戴くものを「亼」と同列に扱うなど、武断なところがあります。文字解釈の資料に用いるのであるなら、むしろその中間に掲げられた三十六の「令」字の方が、模写の仕方に多少の問題が残るとしても標準形に近いのです。しかもその標準形は「亼」形を頭上に戴くようには見えないものが圧倒的に多いわけです。

第2圖

ただ中島氏はなかなか観察の鋭いところがあって、この受命者の拝礼する形が、「周文多不屈膝、低頭聴命」（周文多く膝を屈せず、頭を低れて命を聴く）であるという重要な指摘をしています。[11]この拝礼の仕方についてはまた後ほどお話し致します。ここで少し先回りして具体的に申し上げておきますと、殷代から西周時代初めにかけての拝礼が、跪く礼つまり「跪礼」になっているのに対して、それ以降の拝礼は「立礼」になっているという興味深い現象が見られます。私自身がそのことに気付くきっかけを、この『書契淵源』が与えてくれたわけで、そういう意味では、優れた先人の業績というものは、その説にそのまま従えない場合であっても、重要な何かを与えてくれるものだと、改めて考える次第です。

四　「令」字中のA字形解釈（三）「礼冠」説

(三)の「礼冠」説も頭上に戴くものという意味では(二)の説の範疇に入ります。この解釈が、(二)の説を下敷きにして提出されたものであるのかどうかはともかくとして、「A」が冠であるような文字は他に例がありません。言い換えますと、この考え方はこの「令」字のみに対して適用されているのです。その意味では、白川文字学の中では突出した例外的な解釈だと言ってもいいと思います。なぜこういう解釈になるのか、私なりに随分あれこれ考えてきたわけですが、恐らく、古代宗教を土台にした白川文字学独自の体系的な世界の中で、その天才的とも言ってよい豊かな想像力を働かせて、このような結論に導かれたものではあるまいか、と私なりに推測しているところです。しかしたといそうであるとしても、その根拠あるいは結論に至る過程を何らかの形で示されねばなりません。残念なことにその点でも、私を満足させるものではないのです[12]。国家絡みの古代宗教についての考え方の微妙な違いは、国家の形成の問題と深く関わってきますので、実際にはとても重要です。この問題については何れ改めて論じたいと思っていますが、ここでその一端に少しだけ触れておきますと、儀礼の場というものに対する白川氏の考え方が、私とは微妙に異なっているということです。もう少し具体的に言えば、白川氏は、暗黙のうちにではありますが、儀礼の場というものを、主として我が国の悠紀主基殿のような密室的・閉鎖的な形態に求められているのではないか、ということです。

私がここで申し上げようと考えておりますことは、古代という祭政一致の時代にあって、同じようにマツリゴトと言われるものであっても、儀礼性の濃厚なマツリゴトと、後にそこから政治へと分化して行くいわゆる政治性の濃厚なマツリゴトとを、区別する問題意識をもっておく必要があるのではないか、ということです。政治性をもったマツリゴトということは、共同体と共同体とが接触する場をもつという意味です。その意味で、儀礼の場の形態にもそうした違いが幾分見られるのではないか、ということになります。

五　「令」字中の亼字形解釈（四）試案

もう少し「礼冠」説について検討を加えておきます。さきほど「亼」が冠であるような文字はないと申し上げましたが、文字そのものではなく図象的な字形つまり図象文字と言われている文字の中にならそういう字形はあるのです。しかし図象文字は、氏族の性格の一端を表わす紋章のような役割を果しているもののようですから、文章の中で用いられている文字とは区別しておく必要があるでしょう。〔第３図〕

先ず〔第３図１〕のような頭に直接ぴったりと戴いている例があります。しかし「亼」とは随分形が違っています。「亼」が笠や蓋《きぬがさ》あるいは四阿《あずまや》の屋根のような形になっているのに対して、こちらの方は頂きが三つになっていていかにも冠と思わせる形になっています。

1　2

第3圖

しかしまた図象文字には〔第3図2〕のような重層的な屋根（重屋）をもつ建物の例もあります。このような建物は『周礼』〈冬官〉の「匠人」に次のように記された「四阿重屋」を表わしたものであることは、建築考古学でしばしば取り上げられている問題ですが、ここでは深入りしないことにします。

殷人重屋、堂脩七尋、堂崇三尺、四阿重屋
（殷人は重屋、堂の脩《ふか》さ七尋、堂の崇《たか》さ三尺、四阿《しあ》重屋なり。）

ところで「亼」形が冠であるかどうかを判断しうるポイントは、それが下部の「人」の頭に載っているかどうかにかかっています。そのためには金文の図象文字〔第3図1〕のように、それらがぴったりと密着している形になっていなければなりません。たまたま間隔が空いた形に描かれることがあったとしても、それがあまりにも懸け離れていては、頭に被るものとは認めにくいのではないでしょうか？

金文の字形から見ますと、かなり近接したものがありますし、中には頭にすっぽり包み込んでいる形もあります。〔第1図6〕〔第1図7〕。しかしこれらはむしろ少数派です。言い換えますと、下部の人間の頭の位置とは無関係な風に堂々と描かれている「亼」の方がむしろ多いのです〔第

1図8〕〕〔第1図9〕。そして時代が下るにつれて、上体の前屈する角度がだんだん強くなっていきます。そしてそうなればなるほど、「А」形が被りものではなく、屋根の形の様相を強く呈してきます。私などは、ここから『史記』などに見られる記事を連想します。ここに引用しますのは、「孝武本紀」の記述です。

明堂圖中有一殿、四面無壁、以茅蓋(13)（明堂圖中に一殿あり、四面壁無し、茅を以て蓋ふ。）

ここで言われているのは柱と屋根があって壁のないいわゆる四阿式の建築物ですが、この「А」が表わそうとしているのは、外界との接触を拒絶した密閉式の建物ではなく、むしろ大勢の会衆しうる広場を前提とした、開放式の建物を表わそうとしているのではないか、というのが私の考えなのです。この問題は前回にお話しした〈朝堂〉のことを思い出して頂ければ幸いです。そこでお話ししましたことは、漢代における発令の場所は、大勢の会衆する〈朝堂〉であったことです。〈朝堂〉という言葉は、殷代や西周時代にはまだ使われていなかったと思いますが、しかし甲骨文が用いられた殷代や、金文が用いられた西周時代においても、後世の〈朝堂〉に相当する場所において発令が行なわれていた、と考えるのが自然なことではないでしょうか。この「А」はそのような発令の空間を表わすものだというのが、今回の私の話しのポイントであります。

六　甲骨文の分期

甲骨文の字形は金文と比べてかなり多彩です。中国の国家的事業として出版された『甲骨文合集』[14]（全十三冊）や『小屯南地甲骨』[15]（二冊）、『英国所蔵甲骨集』[16]（二冊）、『京都大学人文科学研究所所蔵甲骨』[17]を資料にして見てみました。以上の資料それぞれに見られる「令」の用例数は次のようになります。

1『甲骨文合集』　（四一九五六片）……………………一三三〇例（三・二％）
2『小屯南地甲骨』（四六〇五片）………………一三五例（二・八％）
3『英国所蔵甲骨集』（二六七三片）………………七六例（二・九％）
4『京都大学人文科学研究所所蔵甲骨』（三二四六片）……七五例（二・三％）

1・2・3が何れも三％前後の出現率を示しているのに対して、4の甲骨資料は第一期の特殊卜辞に偏りを見せているためか、「令」字の出現率にも他のものとはやや違う数字が出ています。

次に1の『甲骨文合集』を基にして第一期から第五期までの出現率を数えてみました。

第一期（二三九七〇片）　盤庚？〜武丁……　一〇八九例（四・五四％）
第二期（　四七三四片）　祖庚・祖甲　……　三四例（〇・七二％）
第三期（　五二四一片）　廩辛・康丁　……　三五例（〇・六七％）
第四期（　三六一五片）　武乙・文武丁……　一五九例（四・四〇％）
第五期（　四三九六片）　帝乙・帝辛　……　一三例（〇・三〇％）

なかなか興味深い数字が出ています。「令」字がよく使われているのが第一期の武丁時代と第四期の武乙・文武丁時代で、他の三期にはあまり使われていません。この第一期と第四期とは、これまで甲骨学者特に董作賓氏によって「旧派」と性格附けされた時期ですが、これは祭祀制度や暦法・文字・卜事などにおいて、他の三期とは時代的な性格が違うと認識されてきた重要な時期でもあります。(18) それに対して他の三期は「新派」と呼ばれてきました。字体の上でも、そういう時代的な性格がよく出ているのではないかと思います。これも董作賓氏によるものですが、五期それぞれの字体の特徴を評したものを掲げておきます。(19)

第一期　雄偉（勇壮にして立派である）
第二期　勤飭（勤勉で謹み深い）
第三期　頽靡（衰えてふるわない）
第四期　勁峭（力強くはげしい）
第五期　厳整（非常に整然としている）

【補記】ここでは便宜上『甲骨文合集』の分期に従う形で論じているのだが、董作賓が「旧派」とした第四期は、第一期あたりに位置づけるのが近年の趨勢である。「令」字の出現率の上でもほぼ同じ数字になるのも興味深い。ここでも第四期を第一期と見なして書き直した方がすっきりするが、元の文章に手を加えないことを原則としているので、このままにしておく。

「旧派」「新派」という範疇を受け容れるかどうかは別問題として、大局的には、第一期と第四期は王朝としての勢いがあった時代で、王命が比較的よく発せられた時期なのではないかと私は見ています。また極端に出現率の落ち込んでいる第五期になると、殷王朝の政治的な実権そのものが大変怪しくなっていて、文王の現われた西周王朝の方に事実上の権力が移行しつつあったのではないか、という風に私自身は睨んでいます。何よりもこの時期に、殷王朝の貴族たちつまり豪族たちの多くが西周王朝の傘下に結集しつつあったことは、最近の周原その他の発掘状況からも推測できますが、この問題についてはここでは深入りしないでおきます。

七　跪礼と立礼

さて字形の問題に戻りましょう。「令」字に関連して、「命」字の出現にも絶えず注意を払ってきましたが、殷代にはまだ現われません。従ってここでも発令の原初形態が文書によるものではなく、専ら口頭によるものだったのではないか、という予測が裏付けられると思います。文字があれば即それを使って発令する筈だというのは、文字の洪水の中で棲息する現代人の感覚であろうと思います。「命」は、以前にも申し上げたように、西周時代中期の〈穆王期〉に、「冊令」という語とともに出現するのです。

金文の字形と比べますと、甲骨文の「令」字の第一に挙げるべき特徴は、金文の「令」字のような上体を前屈している例が全くないことです。（巻末図参照）受命者の礼の仕方が全て膝を屈する礼、言い換えれば跪く礼になっていることです。これを「跪礼」と呼んでいいでしょう。そしてその「跪礼」は殷代末期の青銅器である《小子[illegible]卣》〔第1図6〕・《二祀𠨘其卣》〔第1図7〕にも見られますし、また西周初期の青銅器である《保卣》（〔巻末図・金文1・5〕などにもその名残を留めています。これは大変興味深い現象です。

かたやもう一方の金文の「令」字の特徴は、受命者が膝を屈せずに上体を前屈する礼になっていることですが、これを「立礼」と呼んでいいでしょう。しかしこの「立礼」は西周時代の初めから見られるものではなく、初期の金文の「令」字形は甲骨文と同じように「跪礼」になっているのです。〔巻末図・金文1行目〕これが後に「立礼」に取って替られるわけで、それが成王時代の青銅器と見られている《康侯𣪘》〔巻末図・金文3・3〕や、康王時代末期の青銅器と見られている《大盂鼎》〔巻末図・金文4・1〕頃からのことになります。特に《大盂鼎》以降の青銅器には「跪礼」の姿が殆ど見えなくなっていきます。そして時代の下るに従って前傾する角度が強くなっていくという興味深い現象が観察されることは、先程申し上げた通りです。こうした現象から考えられることは、殷王朝と周王朝とでは、拝礼の仕方が違っていて、殷代では「跪礼」が用いられ、周代では「立礼」が用いられたのではないかということです。もしもそうだとしますと、殷式の「跪礼」から周式の「立礼」への大きな転換期に、康王末の《大盂鼎》が位置することになるわけで、それがそのまま激動の〈昭穆期〉へと続く点で大変興味深いものがあります。

八　わが国の律令国家形成過程における拝礼——跪礼・匍匐礼から立礼へ

今し方、拝礼の仕方が、殷式の「跪礼」から周式の「立礼」に替っていくということを申しましたが、これは必ずしも字形の観察だけから思いついたことではありません。こうした過渡期に起こる現象として、我が国の律令国家の形成過程においても同じような現象があったので、そのことをも念頭に置きながら、申し上げたことでもあります。比較する意味でその点について少し触れておくことにします。こうした拝礼の仕方の転換は、祭祀儀礼の国家規模での転換を背景とするものだと思いますが、この時期に、周王朝は殷王朝の儀礼をそのまま継承したようなそれまでの祭祀儀礼から、周独自の祭祀儀礼への転換を図ったのではないかと、私は考えているのです。その点については、「西周〈昭穆期〉の位相」でもお話し致しましたので、ご理解頂けるのではないかと思いますが、ここでは観点を変えて、我が国の律令国家の形成過程に見られた同じような出来事について簡単にお話し致します。

『日本書紀』の天武朝十一年九月辛卯朔の壬申（二日）に次のような勅が出た記事が見えて

います。

自今以後、跪禮匍匐禮、並止之。更用難波朝廷之立禮[20]

（今より以後、跪禮・匍匐禮、並びに止めよ。更に難波朝廷の立禮を用ゐよ。）

この文の趣旨は、「跪礼」「匍匐礼」を止めて、難波朝廷（孝徳朝）の時に発令された「立礼」を用いよ、ということです。よくご存知のことではありますが念の為に附け加えておきますと、「難波朝廷」というのは、西暦六四五年の中大兄皇子・中臣鎌足らによって「大化改新」が敢行された後、都を大阪の難波宮（現在の大阪市北区法円坂町のＮＨＫの南側）に移した時のことを言います。考古学的にはこれを「前期難波宮」と呼んで、後の奈良時代の建物である「後期難波宮」と区別しています。その「前期難波宮」には、「内裏前殿」などと仮に呼ばれている大極殿の前身的な建物（ＳＢ一八〇一）が見られるために、非常に注目を集めていますが、先程の勅の趣旨は、そこで行なわれる祭祀儀礼の中での礼の仕方を、唐式の「立礼」に切り替えるようにという命令であったわけです。旧式の拝礼である「跪礼」「匍匐礼」が恐らくそのまま根強く残っていて徹底しなかったために、天武がこれを徹底させようとしたものでしょう。勅が九月に出たことからすると、十一月に挙行される「新嘗祭《にいなめ》」や十二月の「月次祭《つきなみ》」を想定して出された命令だったと考えられます。

ただ今の引用は岩波書店の〈日本古典文学大系〉所収のものを用いましたが、ちょっと注意を要するところがあります。と言いますのは、実はこの注釈者は「跪礼」を「匍匐礼」と混同していて、「ひざまずき、両手を地につけて行なう礼(21)」などとしているからです。この点については、後に新川登亀男氏が「小墾田宮の匍匐礼(22)」という論文で、この両者を明快に区別された考え方に従うべきでしょう。新川氏は、「匍匐礼がすすむ動作と不可分であるのに対して、跪礼は特定の場にとどまっている」〔二頁〕とした後、さらに具体的に「跪礼自体、特定の場に膝を折って半立ちし、両手を自在にうごかし得る身ぶりであったことがわかる」〔二頁〕としておられます。また「跪礼」を「中国に由来する礼法」とも記しておられ、今回の私の話しと深く繋がってきます。

このことと関連してもう一つ『日本書紀』の記事を見て頂きたいと思います。先程の記事の前年である天武十年二月庚子朔の甲子（二十五日）の項に、次のようないわゆる「浄御原（律）令」の編纂を命じた記事が見えています。

天皇々后、共居於大極殿、以喚親王諸王及諸臣、詔之曰、朕今更欲定律令改方式。故俱修是事。然頓就是務、公事有闕。分人應行。(23)

（天皇皇后、共に大極殿に居しまして、以て親王・諸王及び諸臣を喚して、之に詔して曰はく、「朕、今より更に律令を定め、方式を改めむと欲す。故に、倶に是の事を修めよ。然も頓に是のみを務に就さば、公事闕くこと有らむ。人を分けて行なふべし」とのたまふ。）

この「立礼」の敕命からは、当時の飛鳥王朝が目指した唐的な律令国家建設の一環として、祭祀儀礼をも唐風に転換しようという、徹底した姿勢が見られます。一方、西周王朝の康王末の場合もこれと相似た情況下にあったわけです。つまり、殷を滅ぼした後もまだ残存していた殷王朝系統の勢力、特に「彔子聖」等の度重なる叛乱を、成王期になってようやく鎮圧しましたが、(24)このあたりから、殷的な文化から脱皮して、周独自の統治イデオロギーで以て国家を建設しようという気運が高まって来ていたと考えることができます。

ここまで『説文解字』の解釈から何が読みとれるかというところから始めて、「令」字形に関するその後の諸説を吟味しながら、私自身の考えの一端をお話しして参りました。しかしこうした追求の仕方はどちらかと言えば、外側からのアプローチに過ぎません。より重要なのは文献資料の中での「令」の用法や、初出資料としての甲骨文や金文における用法の分析ですので、今度は視点をそちらに移して「令」の原義に迫ることに致します。

第三章　『詩経』に於ける「令」・「命」の用法

一　拙論の基本姿勢

今回から文献資料での「令」「命」の用法について具体的な用例を見ながら検討を進めていきます。初出資料という意味でなら甲骨文・金文ということになりますが、いきなりそこに行くよりも、これまで一般に親しまれてきた文献資料を再検討するところに意味があると思いますので、最も古い文献資料である『詩経』や『尚書』の用例から検討して参ります。我が国の伝統的な財産の一つに、中国の古文を日本の古文のように巧みに読みこなしてきた訓読法という世界でも比類のない方法があります。日本語そのものがこの訓読法を通して中国文化の栄養分を摂取し育ってきた歴史を持っている、ということなど殊更私などが申すまでもないことでありますが、ただこの訓読法では、外国語をあたかも日本語のように読めてしまうという利点がある半面、理屈の上では読めた気になっていても表現の微妙なニュアンスにまではなかなか気持が届いていない、ということもしばしばあります。そういう意味で、厳密な読みを追究したいという場合にはむしろ警戒しなければならない気が致します。このようなことを申しますと、私が訓読法を否定しているかのように受け取られる恐れがありますが、そういうことでは決してありません。私が申し上げたいことは、訓読というものは文章読解の終着点ではなくむしろ出発点であるということです。そのような意味で「訓詁」という言葉が使われてきたこと、これまた私などがわざわざ申すまでもないことでしょう。

余計な前置きになりましたが、『詩経』の用例を具体的に見る前に、音韻学の観点からはどう考えられるのかということを簡単に見ておくことにします。と言いますのは、「令」の字をもとは「命」の音で読んでいたという意見が今でもあるからです。例えば比較的最近の論考として洪家義氏の「令命の分化(1)」という論考があります。その中で洪氏は上古漢語における複子音［複輔音］の存在を唯一の手がかりとして、「令」と「命」の分化を次のように説きます。つまり、「令」はもと「mlei」と読んでいたのだが、概念の違いを区別するために、「lei（令）」と「mei（命）」に分化したのだ、という風にです。洪氏は同じ要領で、「枏」「梅」(nm)、「来」「麦」(ml)、「卯」「劉」(ml)、「陸」「睦」(lm)、「欒」「蛮」(lm)も同様である、と説いています。この考え方はカールグレンの「複子音群」説に基いた考え方です。大変明快で分かりやすいのですが、単なる作業仮設とでも申しましょうか、私には論理だけの世界で辻褄の合うように組み立てられた推論のように思われてなりません。むしろ私は、カールグレンの「複子音群」の考え方を批判された尾崎雄二郎氏の説が大変説得力に富んでいると思いますので、この「複子音群」の存在を疑問視する立場に立ちたいと思います。

尾崎氏は洪家義氏の論考に先立つこと十六年の一九六七年に、『上古漢語』の複声母について[2]」という論考を発表されました。その中で尾崎氏は、「それがかつて実在したものであるかの如き取り扱いを受け」〔九九頁〕ている、カールグレンの再構する「上古漢語」の中で、「最も卻けらるべきもの」が「複子音群」であるとして次のように書かれています。

> カールグレンの再構する「上古漢語」の語形において、初めてそれを見る人に最も異様の感を与えるものは、古音学にいわゆる陰声韻尾としてあらわれる単子音群、すなわち、-d, -rg-b, ならびに若干の語の語頭にあらわれる複子音群すなわち kl-, gl-tl-, dl-pl-ml-:sl-:hm- 等々であり、そして私が最も卻けらるべきものと考えるものも、実はまたそれなのである。うち第二の語頭の複子音群、つまり複声母と人の呼ぶものが、この文章での主題であり、検討の対象となる。〔二〇〇頁〕

尾崎氏はカールグレンの「複子音群」という仮説が、「或る、音声学的に観測し得る事実の存在を無視することによって設定されているという点を指摘したい」〔二〇八頁〕として、極めて論理的で厳しい批判を加えています。これからお話し申し上げる私の話しも、「令」＝「命」

説は一旦横へ置いた上で進めていくことにします。

二　『詩経』における「令」概念

『詩経』から見ることにします。『詩経』の中で使われている「令」「命」の用例を具体的に見ていますと、この二つの文字は明確に使い分けられていたことが分かります。「令」という文字は、我々が漢文の初歩を習う時には、「令知其罪而殺之」（その罪を知らしめてこれを殺さん）〔説苑〕というような文を例に挙げながら、「令＝『使』と同じく使役の助辞[3]」といった説明を受けます。「誰それに何々させる」という意味での「使役」は、口頭で発する「命令」とかなり近い用法だと言えますが、今し方例に挙げました例文の用法などは「命令」の意味に分類するわけにはいかない、やや後世の用法です。実際、甲骨文や金文の用例を見ていますと、「命令」とは峻別しなければならないような「使役」の用法は、実はまだ見られないのです。甲骨金文の語法についてはまた後ほど改めてお話しする予定ですので、ごく概略だけを申しておきますと、「令」は甲骨文では専ら「命令」の意味だけで使われ、金文が使われた西周時代に入っても、甲骨文と同じように「命令」の意味だけで用いられていたということであります。甲骨文・金文の中の「令」字が、訓読する際にはあたかも「命」字と同じように扱われてきた大きな理由はそこにもあるわけです。「使役」の用法がぼちぼち現われたかと思われるのは、早くとも西周時代後期頃からだというのが私の理解の仕方ですが、また、こうした用法が見え始める背景として、「令」に「口」が加わった字形である「命」の出現があります。この「命」が「冊令」という語とともに現われた点については、以前にもお話し致しました。実際、『詩経』の中の「命」の用法を見ておりましても、西周時代の金文の中に見られる「冊令」の意味を帯びた使い方をしていたことが分かります。この点についてはまた後ほど改めて触れていきます。以下に引用する資料は、主に白川静氏の『詩経国風』(4)『詩経雅頌1』(5)『詩経雅頌2』(6)を参考にさせて頂いたものです。これら三著は、白川氏壮年の最高傑作と言ってもいい『詩経研究通論篇』(7)を土台にしたものですが、甲骨金文の研究によって培われてきた該博な知識を、自在に駆使しながら見事に結実させたものです。そういう意味で、これまでの『詩経』の訳注書とは一線を画していますす。私もこれらの書物にほぼ全面的に依拠していますが、私の読み方と多少違う点もありますので、部分的には変更を加えていることをお断りしておきます。

最初に、「令」の用例から見ておきましょう。文字の使用としてもこちらの方が先です。『詩経』の中に出てくる「令」は二六例あります。内容別の分布状況を示しておきます(表Ⅰ)。二六例のうち「令人」や「令徳」のように二字の熟語になっている場合が、一八例（二〇例。後述）あります。従って「令」一字で動詞や助動詞・形容詞として使われているのは次の八例だけになります。

【表1】

	篇数	令	命
国風	一六〇篇	5（4）	6
小雅	七四篇	10	9
大雅	三一篇	10	49
頌	四〇篇	1	21
合計	三〇五篇	26	85

①東方未晞、顚倒裳衣、倒之顚之、自公令之〈國風〈齊風〉「東方未明」〉
（東方未だ晞《あ》けず、裳衣《しゃうい》を顚倒《てんたう》す。これを倒しこれを顚《てん》す。公よりこれに令す。）

②有車鄰鄰、有馬白顚、未見君子、寺人之令〈國風〈秦風〉「車鄰」〉
（車有り鄰鄰たり、馬有り白顚《はくてん》。未だ君子を見ず、寺人《じじん》これ令せよ。）

③蹶父孔武、靡國不到、爲韓姞相攸、莫如韓樂、孔樂韓土、川澤訏訏、魴鱮甫甫、麀鹿噳

噳、有熊有羆、有貓有虎、慶既令居、韓姞燕譽〈大雅〈蕩之什〉「韓奕」〉
（蹶父《けいほ》 孔《はなは》だ武なり、國として到らざる靡《な》し。韓姞《かんきつ》の爲に攸《ところ》を相《み》るに、韓の樂しきに如《し》くは莫《な》し。孔だ樂し 韓の土《ど》、川澤《せんたく》訏訏《こ こ》たり。魴鱮《はうしよ》甫甫《ほほ》たり、麀鹿《いうろく》 噳噳《ごご》たり。熊《くま》有り羆《ひぐま》有り、貓《べう》有り虎《とら》有り。慶《けい》して既に居らしむ、韓姞燕譽《えんよ》す。）

④燁燁震電、不寧不令、百川沸騰、山冢崒崩、高岸爲谷、深谷爲陵、哀今之人、胡憯莫懲。
〈小雅〈節南山之什〉「十月之交」〉
（燁燁《えふえふ》たる震電《しんでん》、寧《やす》からず令《よ》からず。百川《ひやくせん》 沸騰《ふつとう》し、山冢《さんちよう》 崒崩《しゆつほう》す。高岸《かうがん》は谷と爲《な》り、深谷《しんこく》は陵《おか》と爲る。哀《かな》し 今の人、胡《なん》ぞ憯《すなは》ち懲《こ》ること莫《な》き。）

⑤此令兄弟、綽綽有裕、不令兄弟、交相爲瘉〈小雅〈魚藻之什〉「角弓」〉
（此の令《よ》き兄弟、綽綽《しやくしやく》として裕《ゆたか》なること有り。令《よ》からざる兄弟、交《こもごも》瘉《うれひ》を相爲《あひな》す。）

⑥昭明有融、高朗令終、令終有俶、公尸嘉告〈大雅〈生民之什〉「既醉」〉
（昭明 融たること有り、高朗にして令終なり。令終に俶《しゆく》たる有り、公尸《こうし》 嘉告《かこく》す。）

「令」が純然たる動詞として使われているのは①・②の「国風」の二篇だけなのは大変興味深いものがあります。地理的に見ますと東方の端に位置している「斉風」と、西方の端に位置している「秦風」とに見えているのです。東端・西端ということに格別意味があるわけではないでしょうが、ただ秦の場合、周王朝が洛陽に遷都した後の周王朝旧直轄地と重なってきますので、むしろ周の民衆の生活が反映していると見るべきかも知れません。動詞としての「令」が具体的にどのような場面で使われていたのかを押さえておく必要がありますので、この二篇については詩を少し具体的に見ておきましょう。まず①の〈斉風〉の「東方未明」からです。

東方未明、顚倒衣裳、顚之倒之、自公召之。東方未晞、顚倒裳衣、倒之顚之、自公令之。
折柳樊圃、狂夫瞿瞿、不能辰夜、不夙則莫。
(東方未だ明けず、衣裳を顚倒《てんたう》す、これを顚《てん》しこれを倒す、公よりこれを召す。東方未だ晞《あ》けず、裳衣《しやうい》を顚倒す、これを倒しこれを顚す、公よりこれに令す。柳を折りて圃《ほ》に樊《かき》す、狂夫《きやうふ》瞿瞿《くく》たり、辰夜《しんや》なること能はず、夙《はや》からざれば則ち莫《おそ》し。)

まだ夜も明けやらぬうちに、上下の着物を穿き違え着違えして慌てふためいているのは、公からお召しがあったためだ。お上からのお召しはいつも時を選ばぬ急なお達し。「お召しがあった！」と聞くとたちまち右往左往してしまう民衆の姿を茶化しながら描いている楽しい詩ですが、一捻りした諷刺の詩と見ていいかも知れません。ここでは「令」を「召」と同じように「お達し[8]」の意味で使っています。この時代は発令の内容を一々文書化していたわけではなく、すべて口頭で伝えられていたものです。「令」本来の用法がこのような文字も知らない民衆の生活レベルに色濃く残っているのだ思います。

次に②の〈秦風〉の「車鄰」です。

> 有車鄰鄰、有馬白顚、未見君子、寺人之令。阪有漆、隰有栗、既見君子、竝坐鼓瑟、今者不樂、逝者其耋。阪有桑、隰有楊、既見君子、竝坐鼓簧、今者不樂、逝者其亡
> (車有り鄰鄰たり、馬有り白顚《はくてん》、未だ君子を見ず、寺人《じじん》これ令せよ。阪《はん》に漆《うるし》有り、隰《しふ》に栗《くり》有り、既に君子を見る、竝び坐して瑟《しつ》を鼓《こ》す、今にして樂しまずんば、逝《ゆきゆ》きて其れ耋《を》いむ。阪に桑有り、隰に楊有り、既に君子を見る、竝び坐して簧《くわう》を鼓す、今にして樂しまずんば、逝きて其れ亡せむ。)

車も馬もたくさんもった身分あるあのお方。その若様にとても会いたいのになかなか会えない。どうか会えるように伝えてねと、「おつきのもの［寺人］」(9)に頼んでいる詩です。何やら日本の恋のやりとりに歌が使われたのと同じようなものを感じさせるのは大変興味深いものがあります。かつてアジア全域に見られたと思われる歌垣の名残がここにもあるのでしょう。さてその「令」の使い方ですが、「寺人」に頼んで自分の思いを「若様［君子］」に伝えてもらう、

という意味ですから、「令」は「取次を依頼する」[10]という意味で使われているわけです。このように、何か内容をもったことを口頭で伝えることを「令」という語で表わしていたのだと考えていいでしょう。

動詞としての「令」の用法は以上の二例に尽きます。これらの用例に共通しているのは、「何かを口頭で伝えること」です。そしていずれも何かをさせようとする意図をもった伝達ですから、広い意味での「命令」ということになると思います。そしてこういう用法が多用されていきますと、狭い意味での「命令」というニュアンスが次第に弱くなっていって、「使役」という解釈の仕方で収める方が相応しい用法へと変化して行ったのではないか、と私は考えているのです。そういう意味では、国風に見えるこの二つの「令」の用法は、「命令」から「使役」へと変質しつつある過渡的な用例である、と考えてもいいかも知れません。実際そういう意味での「使役」の萌芽かと思われるような用例が、さきほど申しました西周時代後期の金文から現われつつありますので、時期的には近いと考えていいでしょう。

③の〈大雅〉の「韓奕」に参りましょう。この詩は「詩序」に「韓奕、尹吉甫美宣王也。能錫命諸侯」（韓奕は、尹吉甫 宣王を美《ほ》むるなり。能く命を諸侯に錫《たま》ふ。）と書かれているように、尹吉甫の作とされてきたもので、内容的にもそれに相応しいものがありますが、ここでは内容に

立ち入らず用法を見るにとどめておきます。「慶して既に居らしむ、韓姑燕誉《えんよ》す」とは、蹶父が韓をよい国として、娘の韓姑を韓侯に嫁がせ、韓姑もまたこの土地をたいそう気に入って妻としてよく勤めた、ということを言うものです。「令」はここでは動詞としては使われず「使役」の助辞（助動詞）として使われていると見なしていいでしょう。もちろん「居ることを令す」というように「命令」と見なすことができないわけではないのですが、それでは親子の間のこととして仰々し過ぎるのではないかと思います。やはり「使役」と考えるのが妥当でしょう。もともと「命令」か「使役」かという問題は、こういう具体的な場面を想定しながら判断するしかないわけで、そこに「令」という語の歴史的な変遷ということを絶えず意識せざるえなくなります。いずれにしましても、「令」の持つ意味合いを「何か内容をもったことを口頭で伝えること」と解釈しておきますと、大変納まりがいいと思います。

④~⑥はだいたい同じ用法で、鄭箋に「令善也」（令は善なり）とされていますように、「善」の意味で用いられています。先に書き下し文を掲げておきましたのでご覧下さい。『詩経』ではこの意味で使われる例が最も多いのです。ただ、⑥については現在広く用いられている訓読によりますと、「終りを令《よ》くす」というように「令」を動詞のように扱っています。しかし「令」＝「善」だからといって、このように動詞風に読むことには、私自身はかなり抵抗を覚えます。

私は「令終」を二字の熟語として読んでおいていいのではないかと考えるのです。実際、平安朝中期以来の明経家・清原家が伝える毛詩の読み方では、ここのところをこんな風に伝えています[11]。

高朗に（し）て令《よ（イ）》く終ふ《よきをもて（ケ）をふ（ケ）》（終《を（イ）》へ令《し（イ）》む）。令《よ（イ）》く終《を（イ）》ふること《よきをもて（ケ）をへて（ケ）》（終《を》へ令《し》め）俶《はじ（イ）》め有り《あついこと（ケ）》、公尸・嘉《よき》をもて《よろこびをも》告ぐ《ま（うす）》。

と読んでおいて、また左のように説明を加えています。

令終――よく終る事あり、よく始る事ありと云心ぞ。ちやっと見にくいぞ。饗燕の礼をせられたは始あるぞ。終事ありは、祭ぞ。よく終事あり、よく始ありとよみたいぞ。心はさうぞ。よく終る事有ㇾ始とよまうならば、饗燕の礼をよくせらるゝに仍て、祭をもせらるゝぞ。〔『毛詩抄』四・一一四～一一五頁〕

「令終」とは、要するにいい終わり方をすることを意味するわけですから、そういうことを心得ておきさえすれば、「令終（よき終り）」と見なして二字の熟語として処理する方が適切だと思います。枝葉のことにこだわったようですが、「令」を動詞風に読むのは適切ではないということを申し上げたかったわけです。

さてここで二字の熟語が入り始めたようですので、そちらに移りたいと思いますが、その前に動詞としての「令」の用例から「令」本来の意味をまとめておきますと、「何か内容をもったことを口頭で伝えること」とまとめておいて良さそうです。

三　『詩経』における「令●」形熟語

さて、二字の熟語に参ります。二字の熟語の用例は先ほどの「令終」を入れますと次の二十例になります。「令人」（1）、「令徳」（4）、「令儀」（3）、「令聞」（3）、「令望」（1）「令色」（1）、「令妻」（1）、「令終」（2）、「令令」（2）、「脊令」（2）。このうち「令令」「脊令」とは、次の用例からも分かりますように、「令」本来の意味とは無関係に、音だけを借りて「盧（黒い猟犬）の首輪のふれて鳴る音」と「鶺鴒《せきれい》」を表している例ですので、この際除外しておきます。

⑦盧令令、其人美且仁〈盧　令令たり、其の人美にして且つ仁なり〉〔國風〈齊風〉「盧令」〕

⑧脊令在原、兄弟急難、毎有良朋、況也永歎〔小雅〈鹿鳴之什〉「常棣」〕

〈脊令　原に在り、兄弟に急難あり。良朋有りと毎も、況として永歎す。〉

「令人」以下その他の熟語の「令」は全て「善」の意味で使われています。これは『詩経』の古い注釈書である後漢の鄭箋以来そのように解釈されてきたものですが、格別の異論や矛盾もありませんので、伝統的な解釈に従っておきます。ただ、当初「命令」の意味で使われていた「令」字が、なぜ「善」の意味としても使われ解釈されてきたのかという問題は、私の知る限りでは古い注釈書にも書かれたことがなく、重要で興味深いものがあります。以下、白川静氏の『詩経国風』の訳注の語釈を付記しておきます。

令人＝令は善。役立つ者の意。

⑨凱風自南、吹彼棘薪、母氏聖善、我無令人〔國風〈邶風〉「凱風」〕

〈凱風南よりし、彼の棘薪《きよくしん》を吹く、母氏は聖善なるに、我に令人《れいじん》無し。〉

令徳＝善徳。美徳。

⑩蓼彼蕭斯、零露泥泥、既見君子、孔燕豈弟、宜兄宜弟、令徳壽豈〔小雅〈南有嘉魚之什〉「蓼蕭」〕
(蓼《りく》たる彼の蕭《よもぎ》、零露《れいろ》泥泥《でいでい》たり、既《すで》に君子を見るに、孔《はなは》だ燕《たの》しくて豈弟《がいてい》、兄に宜《よろ》しく弟に宜しく、令徳《れいとく》壽豈《じゅがい》ならむ。)

⑪湛湛露斯、在彼杞棘、顯允君子、莫不令徳〔小雅〈南有嘉魚之什〉「湛露」〕
(湛湛《たんたん》たる露《つゆ》、彼の杞棘《ききょく》に在り、顯允《けんいん》なる君子、令徳ならざる莫《な》し。)

⑫依彼平林、有集維鷮、辰彼碩女、令徳來教、式燕且譽、好爾無射〔小雅〈甫田之什〉「車舝」〕
(依《い》たる彼の平林《へいりん》、集まる有るは維《こ》れ鷮《けう》たる、辰たる彼の碩女《せきぢょ》、令徳 來り教ふ、式《もっ》て燕《えん》し且つ譽《たの》しまむ、爾《なんぢ》を好《よみ》して射《いと》ふこと無からむ。)

⑬假樂君子、顯顯令徳、宜民宜人、受祿于天、保右命之、自天申之〔大雅〈生民之什〉「假樂」〕
(假樂《からく》の君子、顯顯《けんけん》たる令徳、民に宜《よろ》しく人に宜しく、祿《ろく》を天に受く、保右《ほいう》して之に命じ、天より之を申《かさ》ぬ。)

令儀＝威儀の整うこと。礼節あること。立派な威儀。

⑭其桐其椅、其實離離、豈弟君子、莫不令儀〔小雅〈南有嘉魚之什〉「湛露」〕
(其の桐《どう》 其の椅《い》、其の實《み》 離離《りり》たり、豈弟《がいてい》の君子、令儀《れいぎ》ならざる莫《な》し。)

⑮既醉而出、竝受其福、醉而不出、是謂伐德、飲酒孔嘉、維其令儀〔小雅〈甫田之什〉「賓之初筵」〕
（既に醉ひて出づれば、竝に其の福を受く、醉うて出でざる、是を徳を伐ると謂ふ、酒を飲むも孔だ嘉し、維れ其れ令儀あれ。）

⑯仲山甫之德、柔嘉維則、令儀令色、小心翼翼、古訓是式、威儀是力、天子是若、明命使賦〔大雅〈蕩之什〉「烝民」〕
（仲山甫《ちゅうざんほ》の德《とく》、柔嘉《じゅうか》にして維れ則《のり》あり、令儀令色、小心翼翼《よくよく》たり、古訓に是れ式《のっと》り、威儀を是れ力《つと》む、天子是れ若《したが》ひ、明命賦《ふ》せしむ。）

令聞＝名声、声誉。

⑰亹亹文王、令聞不已、陳錫哉周、侯文王孫子〔大雅〈文王之什〉「文王」〕
（亹亹《びび》たる文王、令聞《れいぶん》已まず、陳《かさ》ねて錫《たま》ひて周に哉《あ》り、侯《こ》れ文王の孫子《そんし》。）

⑱顒顒卬卬、如圭如璋、令聞令望、豈弟君子、四方爲綱〔大雅〈生民之什〉「卷阿」〕
（顒顒卬卬《ぎょうぎょうかうかう》として、圭《けい》の如く璋《しやう》の如し、令聞あり令望あり、豈弟の君子、四方綱と爲す。）

⑲虎拝稽首、對揚王休、作召公考、天子萬壽、明明天子、令聞不已、矢其文德、洽此四國。〔大雅〈蕩之什〉「江漢」〕
（虎《こ》拝して稽首《けいしゅ》し、王の休《たまもの》に對揚し、召公の考《かう》を作る、天子萬壽《まんじゅ》ならむことを、明明たる天子、

令聞已《や》まず、其の文徳を矢《つら》ね、此の四國に洽《あまね》からむことを。）

⑳令望＝〈令聞令望〉で、よい声望。

（⑱）顒顒卬卬、如圭如璋、令聞令望、豈弟君子、四方爲綱〔大雅〈生民之什〉「巻阿」〕

令色＝立派な顔色、顔つき。

㉑（⑯）仲山甫之德、柔嘉維則、令儀令色、小心翼翼、古訓是式、威儀是力、天子是若、明命使賦〔大雅〈蕩之什〉「烝民」〕

令妻

㉒天錫公純嘏、眉壽保魯、居常與許、復周公之宇、魯侯燕喜、令妻壽母、宜大夫庶士、邦國是有、既多受祉、黃髮兒齒〔魯頌〈駉之什〉「閟宮」〕

（天 公に純嘏《じゅんか》を錫《たま》ひ、眉壽《びじゅ》にして魯を保んず、常《じょう》と許《きょ》とに居《を》りて、周公の宇《う》を復《ふく》す、魯侯 燕喜《き》す、令妻 壽母あり、大夫 庶士に宜《よろ》しく、邦國を是れ有《たも》つ、既に多く祉《さいは》ひを受く、黃髮《くわうはつ》 兒齒《げいし》ならむことを。）

これらの用例から見た「令」概念を、鄭玄以来のやり方で「善」という語で置き換えておいても表面的には一応差し支えないのですが、もう少し踏み込んで観察しておりますと興味深いことに気付きます。それは、「善」という概念として解釈されてきた「令●」の用例の大部分は「君子（若様）」のことを形容する語として使われている、ということです。例えば、⑩・⑪・⑬・⑭・⑱（⑳）がそうです。また「君子」のことを言うのでない場合でも、⑯（㉑）は王命の伝達者である仲山甫のこと、⑰は文王のこと、⑲は天子のこと、をそれぞれ形容する語として使われています。つまり、現代の我々が想定するような倫理的な、また美的な意味での「善」の意として誰に対しても使われているのではなく、ある限られた範囲の者に対してのみ使われる、独特のニュアンスをもった語であるということは明らかです。この問題は改めてまた別の機会に考察したいと思っています。

四　『詩経』における「命」概念（一）名詞

次は「命」です。『詩経』に見える「命」の用例は八五あります。**（表1参照）** おそらく予想されていたと思いますが、『詩経』の中では政治的な性格の強い大雅と頌に集中していて、約八割がここに出てきます。二字の熟語は「天命」「駿命」「景命」「大命」「成命」「帝命」「王命」で二一例、「命服」を加えると二二例を数えます。「命」だけで使われるのが六六例です。

まず「命」一字で動詞や名詞として使われている例から見てみましょう。用例がかなり多いですので概略をお話ししておきますと、名詞としての用法は国風では「運命」の意味で用いられ、大雅では「天命」や「王命」の意味で用いられています。小雅には出てきません。頌では専ら「天命」の意味で用いられるのは、その性格上当然のことでしょう。

〔名詞〕

《国風》

1　嘒彼小星、三五在東、肅肅宵征、夙夜在公、寔命不同〔國風〈召南〉「小星」〕
（嘒《けい》たる彼の小星、三五　東に在り、肅肅《しゆくしゆく》として宵征《よるゆ》く、夙夜《しゆくや》　公に在り、寔《まこと》に命同じからず。）

2　嘒彼小星、維參與昴、肅肅宵征、抱衾與裯、寔命不猶〔國風〈召南〉「小星」〕
（嘒たる彼の小星、これ參《しん》と昴《ばう》と、肅肅として宵征く、衾《きん》と裯《ちう》とを抱く、寔に命猶《ひと》しからず。）

3　乃如之人也、懷昏姻也、大無信也、不知命也〔國風〈鄘風〉「蝃蝀《ていとう》」〕
（乃《すなは》ち之《かく》の如き人は、昏姻《こんいん》を懷《おも》ふなり、大いに信《しん》無きなり、命《めい》を知らざるなり。）

4　羔裘如濡、洵直且侯、彼其之子、舍命不渝〔國風〈鄭風〉「羔裘」〕

（羔裘《かうきう》 濡《うるほ》ふが如し、洵《まこと》に直にして且つ侯《うるは》し、彼《か》其《こ》の子や、命《めい》に舎《を》りて渝《かは》らず。）

５　揚之水、白石粼粼、我聞有命、不敢以告人〈國風〈唐風〉「揚之水」〉

（揚《あが》れる水、白石粼粼《はくせきりんりん》たり、我 命《めい》有るを聞けり、敢《あへ》て以て人に告げず。）

国風では「命」が専ら「運命」の意味で用いられているのは大変興味深いものがあります。１・２は別々の用例のように引用しましたが、本来同じ「小星」の一章・二章ですので続いています。宿直に当たっている下級官人が、星空を見上げながら朝まで続く勤務を嘆く詩です。徹夜して任務を果たさなければならない我が身を顧みて、上級官人との違いを「寔に命同じからず」としたものです。この「命」は王から命じられた官職を意味しますから、王から発せられた「冊命」とも取れますし、また「王命」と解釈しても差し支えないかも知れませんが、ここではむしろそれを「運命」と受け止める意識によって「命」という語が使われています。「運命」の意味の用法とはこういう風にして生まれるのでしょう。「運命」の意の初出例と考えてもいいかも知れません。

３は以前に契りを結んだ女が他家に嫁ぐのを嘆く男の詩です。「命を知らざるなり」とは、その女がそうした自分との「縁」を切ったことを咎める気持ちで表わした言葉で、この「命」とは「運命」ということを強く意識した言葉です。

4は若々しく立派な役人を褒めた詩です。「命に舎《を》りて渝《かは》らず」とは、王命つまり任務を忠実に執行することを意味する言葉ですので、この「命」も1・2と同じように「冊命」や「王命」と解釈してもいいでしょうが、「定められた命を守る」という意識で用いられているわけですから、表現する者の意識としては「運命」に近い意味で使っていると見ていいでしょう。

5は水底の白石が見えるか否かで吉凶を占う「水占《みなうら》」を歌った歌垣の詩です。ここでは白石が見えたので吉の方ですから、結婚の願いがかなうということになります。「我 命有るを聞けり」の句は、そうした結婚の「縁」があることを意識した言葉です。「運命」の意味と見ていいでしょう。

このように国風に見える「命」の用例から見えてくるものは、「命」を専ら運命的な意味で捉えている意識です。それが「王命」や「冊命」である場合でも、下級役人という氏族階級の末端レベルでは、「運命」に近いものを意識しているのは大変興味深いものがあります。また男女の「縁」を「命」と捉える意識はまさに「運命」の意識そのものでしょう。

大雅と頌についてはジャンル別・意味別に分類して引用するにとどめておきます。意味は「天命」あるいは「王命」です。

《大雅》——天命の意

6 文王在上、於昭于天、周雖舊邦、其命維新〔大雅〈文王之什〉「文王」〕

7 無念爾祖、聿脩厥德、永言配命、自求多福〔大雅〈文王之什〉「文王」〕

8 命之不易、無遏爾躬、宣昭義問、有虞殷自天〔大雅〈文王之什〉「文王」〕

9 天監在下、有命既集、文王初載、天作之合〔大雅〈文王之什〉「大明」〕

10 有命自天、命此文王、于周于京、纘女維莘〔大雅〈文王之什〉「大明」〕

11 帝遷明德、串夷載路、天立厥配、受命既固〔大雅〈文王之什〉「皇矣」〕

12 王配于京、世德作求、永言配命、成王之孚〔大雅〈文王之什〉「下武」〕

13 文王受命、有此武功、既伐于崇、作邑于豐、文王烝哉〔大雅〈文王之什〉「文王有聲」〕

14 爾受命長矣、茀祿爾康矣、豈弟君子、俾爾彌爾性、純嘏爾常矣〔大雅〈生民之什〉「卷阿」〕

15 鳳皇于飛、翽翽其羽、亦傳于天、藹藹王多吉人、維君子命、媚于庶人〔大雅〈生民之什〉「卷阿」〕

16 蕩蕩上帝、下民之辟、疾威上帝、其命多辟〔大雅〈蕩之什〉「蕩」〕

17 天生烝民、其命匪諶、靡不有初、鮮克有終〔大雅〈蕩之什〉「蕩」〕

18 訏謨定命、遠猶辰告、敬愼威儀、維民之則〔大雅〈蕩之什〉「抑」〕

19 王命召虎、來旬來宣、文武受命、召公維翰〔大雅〈蕩之什〉「江漢」〕

20 昔先王受命、有如召公、日辟國百里、今也日蹙國百里〔大雅〈蕩之什〉「召旻」〕

《大雅》——王命の意

21 奕奕梁山、維禹甸之、有倬其道、韓侯受命、王親命之、纘戎祖考、無廢朕命、夙夜匪解、虔共爾位、朕命不易、榦不庭方、以佐戎辟〔大雅〈蕩之什〉「韓奕」〕

22 溥彼韓城、燕師所完、以先祖受命、因時百蠻、王錫韓侯、其追其貊、奄受北國、因以其伯、實墉實壑、實畝實藉、獻其貔皮、赤豹黃羆〔大雅〈蕩之什〉「韓奕」〕

23 于周受命、自召祖命、虎拜稽首、天子萬年〔大雅〈蕩之什〉「江漢」〕

《周頌》

24 維天之命、於穆不已、於乎不顯、文王之德之純〔周頌〈清廟之什〉「維天之命」〕

25 敬之敬之、天維顯思、命不易哉、無曰高高在上〔周頌〈閔予小子之什〉「敬之」〕

26 文王既勤止、我應受之、敷時繹思、我徂維求定、時周之命、於繹思〔周頌〈閔予小子之什〉之什〉「賚」〕

27 於皇時周、陟其高山、嶞山喬嶽、允猶翕河、敷天之下、裒時之對、時周之命〔周頌〈閔予小子之什〉「般」〕

《商頌》

28 約軝錯衡、八鸞鶬鶬、以假以享、我受命溥將、自天降康、豐年穰穰、來假來饗、降福無疆、顧予烝嘗、湯孫之將〔商頌「烈祖」〕

29 景員維河、殷受命咸宜、百祿是何〔商頌「玄鳥」〕

30 商之先后、受命不殆、在武丁孫〔商頌「玄鳥」〕

「命」の一字だけで「天命」や「王命」の意味を表わしているというのは、この語の由来をよく物語っています。「命」字が西周時代の中期である穆王期から現われたことは、これまで何度かお話ししてきましたが、重要な事柄ですのでここでも繰り返しておきます。「令」字に「𠙵」が付加された字形の「命」字は、穆王期から「冊令」という語とともに現われます。この「𠙵」は王命の内容を文書化した「冊書（策書）」です。言い換えますと、この穆王期から王命が文書化されて発せられるということが始まったわけです。例えば、以前にも引用しました西周時代後期の《大克鼎》の銘文をもう一度見てみましょう。

王才宗周、旦、王各穆廟、卽立。𩱦季右善夫克入門、立中廷、北鄉。王乎尹氏、册令善夫克。

（王、宗周に在り。旦《あした》に、王 穆廟に格《いた》り、位に卽く。𩱦季《しょうき》、膳夫克《ぜんぷこく》を右《たす》けて門に入り、中廷に立ちて北嚮《ほくきやう》す。王 尹氏を呼びて、膳夫克に冊令せしむ。）

この「冊令」が時には次のように「命」で表わされることもあったのです。

唯三月、王才宗周、戊寅、王各大朝、密叔又趞卽立、内史卽命、王若曰、趞、命女乍𢿘自家司馬。《趞《がい》𣪘》

（唯れ三月、王、宗周に在り。戊寅、王 大廟に格《いた》る。密叔、趞《がい》を右けて位に卽き、内史 命に卽《つ》く。王 若《かく》のごとく曰く、「趞よ。汝に命じて豳師《ひんし》の冢嗣馬《ちやうしば》と作《な》さしむ」と。）

このように「命」は元来王によって発せられた命令の内容そのものを表わしていたわけです。『詩経』の中でも「命」一字で「王命」の意味を表わしているのは、それが「命」本来の意味だからに外なりません。

ではその「命」が「天命」の意味でも用いられているのはどういうわけなのか、ということになりますが、それは「王命」というものが「天命」の延長上にあるからです。「王命」というものは、天の命を受けて天下のことを任された周王が、いわばその「天命」という思想の下に発する命令です。そのような「天命」という論理の世界で発せられる「王命」は、それと意識されないとしても「天命」の意味を内包しているわけです。このように見て参りますと、さきほど国風の「小星」で見た「命」が官職を意味していたのも、まさにこのことを裏付けていることになります。このような意味で、「命」という文字は、いわば「天命」という思想とともに生まれた周独自の文字と言ってもいいような気がします。だからこそ、上帝の支配する王朝であった殷の甲骨文字には現われなかったのではないでしょうか。

五 『詩経』における「命」概念（二）動詞

次は動詞の用例です。動詞の場合には、主語が「王」または「天子」であることがほとんどで、時には39のように「天」からの「命」である場合もあります。これもまた今し方お話したことと一致しています。用法として「誰それに命じて……せしむ」という例が大半である（＊印）のは「王命」である以上当然のことです。この用法を「使役」と呼ばず、敢えて「命令」と呼んでおきますが、それは「命令」という直接的な行為を通さないで「誰それに……させる」という用法を特に「使役」と呼ぶという方針で進めているからです。

〔動詞〕

《国風》

31　靈雨既零、命彼倌人、星言夙駕、説于桑田〔國風〈鄘風〉「定之方中」〕
（靈雨既に零《お》つ、彼の倌人に命じ、星みてここに夙《つと》に駕し、桑田に説《やど》らしむ。）

国風では一例だけ見えますが、都を造営する作業の一環として、地鎮祭を行なうこと命じたものです。こうした重要な儀礼を命じたものですから恐らく「王命」の形をとっていた筈です。

以下、やはりジャンル別に引用しておきます。

《小雅》

32　＊王命南仲、往城于方、出車彭彭、旂旐央央〔小雅〈鹿鳴之什〉「出車」〕
33　＊天子命我、城彼朔方、赫赫南仲、玁狁于襄〔小雅〈鹿鳴之什〉同右〕
34　樂只君子、天子命之、樂只君子、福祿申之〔小雅〈魚藻之什〉「采菽」〕
35　＊飲之食之、敎之誨之、命彼後車、謂之載之〔小雅〈魚藻之什〉「綿蠻」〕
36　＊飲之食之、敎之誨之、命彼後車、謂之載之〔小雅〈魚藻之什〉同右〕
37　＊飲之食之、敎之誨之、命彼後車、謂之載之〔小雅〈魚藻之什〉同右〕

《大雅》

38 ＊商之孫子、其麗不億、上帝既命•、侯于周服〔大雅〈文王之什〉「文王」〕

39 有命•自天、命•此文王、于周于京、纘女維莘〔大雅〈文王之什〉「大明」〕

40 ＊長子維行、篤生武王、保右命•爾、燮伐大商〔大雅〈文王之什〉同右〕

41 假樂君子、顯顯令德、宜民宜人、受祿于天、保右命•之、自天申之〔大雅〈生民之什〉「假樂」〕

42 匪面命•之、言提其耳、借曰未知、亦既抱子、民之靡盈、誰夙知而莫成〔大雅〈蕩之什〉「抑」〕

43 ＊王命•召伯、定申伯之宅、登是南邦、世執其功〔大雅〈蕩之什〉「崧高」〕

44 ＊王命•申伯、式是南邦、因是謝人、以作爾庸〔大雅〈蕩之什〉同右〕

45 ＊王命•召伯、徹申伯土田、王命•傅御、遷其私人〔大雅〈蕩之什〉同右〕

46 ＊王命•召伯、徹申伯土疆、以峙其粻、式遄其行〔大雅〈蕩之什〉同右〕

47 ＊四牡彭彭、八鸞鏘鏘、王命•仲山甫、城彼東方〔大雅〈蕩之什〉「烝民」〕

48 奕奕梁山、維禹甸之、有倬其道、韓侯受命•、王親命•之、纘戎祖考〔大雅〈蕩之什〉「韓奕」〕

49 江漢之滸、王命•召虎、式辟四方、徹我疆土〔大雅〈蕩之什〉「江漢」〕

50 赫赫明明、王命•卿士、南仲大祖、大師皇父〔大雅〈蕩之什〉「常武」〕

51 王謂尹氏、命•程伯休父、左右陳行、戒我師旅〔大雅〈蕩之什〉同右〕

《頌》

52＊貽我來牟、帝命率育、無此疆爾界、陳常于時夏〔周頌〈清廟之什〉「思文」〕

53　命我衆人、庤乃錢鎛、奄觀銍艾〔周頌〈臣工之什〉「臣工」〕

54＊乃命魯公、俾侯于東、錫之山川、土田附庸〔魯頌「閟宮」〕

55＊天命玄鳥、降而生商、宅殷土芒芒、古帝命武湯、正域彼四方〔商頌「玄鳥」〕

56　方命厥后、奄有九有、商之先后、受命不殆、在武丁孫子〔商頌「玄鳥」〕

57＊昭假遲遲、上帝是祗、帝命式于九圍〔商頌「長發」〕

58＊天命降監、下民有嚴、不僭不濫、不敢怠遑、命于下國、封建厥福〔商頌「殷武」〕

六　『詩経』における「●命」形熟語

用例の分析に随分時間がかかってしまいました。少し急ぎましょう。「●命」の形をとる熟語には次のような例があります。「天命」「帝命」「駿命」「景命」「大命」「王命」「成命」「明命」。その他「命服」という熟語も一例だけあります。このうち「駿命」や「景命」などは西周時代の金文や他の文献にも見えないため正確なニュアンスが把握しにくいのですが、私自身はやや後世の感覚で修飾された語であるような気がしています。しかしいずれも伝統的な訓詁によって「王命」ないし「天命」を意味する語であるとされている点では特に問題はないと思います。

（語の下に付したのは白川静氏の訳注の語釈です。）

天命

59 民莫不逸、我獨不敢休、天命不徹、我不敢傚、我友自逸〔小雅〈節南山之什〉「十月之交」〕

60 人之齊聖、飲酒溫克、彼昏不知、壹醉日富、各敬爾儀、天命不又〔小雅〈節南山之什〉「小宛」〕

61 穆穆文王、於緝熙敬止、假哉天命、有商孫子〔大雅〈文王之什〉「文王」〕

62 侯服于周、天命靡常、殷士膚敏、祼將于京〔大雅〈文王之什〉「文王」〕

63 綏萬邦、婁豐年、天命匪解〔周頌〈閔予小子之什〉「桓」〕

64 天命多辟、設都于禹之績、歳事來辟、勿豫禍適、稼穡匪解〔商頌「殷武」〕

65 天命降監、下民有嚴、不僭不濫、不敢怠遑、命于下國、封建厥福〔商頌「殷武」〕

帝命

66 有周不顯、帝命不時、文王陟降、在帝左右〔大雅〈文王之什〉「文王」〕
67 帝命不違、至于湯齊、湯降不遲、聖敬日躋〔商頌「長發」〕

駿命＝峻命。厳格なる天命

68 殷之未喪師、克配上帝、宜鑒于殷、駿命不易〔大雅〈文王之什〉「文王」〕

景命＝大いなる命。嘉命

69 其胤維何、天被爾祿、君子萬年、景命有僕〔大雅〈生民之什〉「旣醉」〕

大命＝国運。国家存亡

70 雖無老成人、尚有典刑、曾是莫聽、大命以傾〔大雅〈蕩之什〉「蕩」〕
71 旱福大甚、則不可沮、赫赫炎炎、云我無所、大命近止、靡瞻靡顧〔大雅〈蕩之什〉「雲漢」〕
72 瞻卬昊天、有嘒其星、大夫君子、昭假無贏、大命近止、無棄爾成〔大雅〈蕩之什〉「雲漢」〕

王命

73 王命仲山甫、式是百辟、纘戎祖考、王躬是保、出納王命〔大雅〈蕩之什〉「烝民」〕

74　肅肅王命、仲山甫將之、邦國若否、仲山甫明之〔大雅〈蕩之什〉「烝民」〕

成命＝明命

75　昊天有成命、二后受之、成王不敢康、夙夜基命宥密〔周頌〈淸廟之什〉「昊天有成命」〕

明命＝政治上の指令

76　古訓是式、威儀是力、天子是若、明命使賦〔大雅〈蕩之什〉「烝民」〕

命服＝位に相当する服

77　方叔率止、約軝錯衡、八鸞瑲瑲、服其命服、朱芾斯皇、有瑲蔥珩

〔小雅〈南有嘉魚之什〉「采芑」〕

（方叔　率《ひき》ゐる、約軝《やくき》　錯衡《さくかう》、八鸞《はちらん》　瑲瑲《さうさう》、其の命服を服す、朱芾《しゆふつ》　斯《こ》れ皇たり、瑲《さう》たる蔥珩《さうかう》有り。）

最後の「命服」の用例だけ見ておきましょう。将軍の方叔が南方の異民族であった「蛮荊」に大勝し凱旋したことを述べた詩です。「約軝　錯衡、八鸞　瑲瑲」というのは立派に飾り立てられた将軍の車馬が、音を立てながら走るさまを言うものです。そうした立派な車馬に乗っ

た将軍が身に纏う軍服もまた、将軍だけが身に着けることになっている華麗なものです。「其の命服を服す」というのがそれです。「朱芾」という語は西周時代の金文には王の賜物として「朱市《しゅふつ》」という形で出てきますが《番生𣪘》、時期としては後期になります。中期まではまだ「朱市」の名は見えず「赤市《せきふつ》」「赤黼市《せきほふつ》」となっています。時代とともに色も若干変化しているわけです。こういう賜物の名前から、この「采芑」という詩が西周時代後期以降のものであることが分かります。さてその朱の膝かけは輝くばかりの鮮やかさ。遠目にも直ぐに将軍であることが分かるようになっています。そうして馬の進むごとに佩玉が「瑲」として音を立て、辺りを払うような空気が自ずから漂ってくるのです。

　こういう詩なのですが、詩の内容を厳密に読み取ろうとしますと、最初は南方の異民族である「蛮荊」の侵攻があったのでこれを征伐したのかと思いながら読んでいると、後の方には征伐したのは北方の異民族である「玁狁《けんいん》」とあったりして、詩の前後の内容が矛盾を含んでいます。こうしたことは、この詩が必ずしも史実をそのまま述べているのではないことを物語っているかも知れません。それはともかくとしまして、ここで使われている「命服」の「命」も、先に見た国風の「小星」の「命」と同じように官職を表わす語として使われていることが分かります。

七　小結

最後に簡単なまとめをしておきます。『詩経』の用例の分析を通じて分かったことは、『詩経』に見える「令」「命」の二字は明確に使い分けられていたということです。

文字の出現としては早く殷代の甲骨文にも見えている「令」からいきましょう。「令」の動詞としての用法は、「何か内容をもったことを口頭で伝える」という意味で用いられていました。命令の意味が全くないという意味ではないのですが、仮にお上の命令であっても、あくまで口頭によるもので、「命」字のように命令の内容を記した「文書」の存在はなかったと見てよいようです。このことは「令」字と「命」字との字形とも一致しています。また「令」字が使役の助動詞のように用いられはじめた例かと思われるものもありました。それは西周時代後期の成立と思われる詩の中で用いられたものでしたが、このことは、西周時代の金文に見える「令」字の場合にも、後期になってようやく使役の意味で用いられはじめたことと一致しています。このことはまた「命」字の出現とも連動しているようです。

動詞や助動詞の用例以外には形容詞的な用例がありました。この用例の場合、伝統的な解釈でなされてきたように「善」の意味で解釈しておいて特に差し支えはないのですが、「令」がなぜ「善」の意味になるのだろうか？　という語源的な関心に対しては、これといった説明がなされてこなかったという点で、今なお大きな問題として残ります。ただこの問題も、用例から見た限りでは、「善」の意味での「令」は王族周辺の特定の人たちに対してだけ用いられたものではないか、ということは記憶にとどめておく必要があると思います。

「命」字の用法は、民謡に相当する「国風」と宮廷内で歌われた「大雅」「小雅」や「頌」の詩篇とでは随分ニュアンスが違っていたことが分かりました。後者の場合は「王命」「冊命」の意味でのみ用いられていたのに、前者では「運命」や「官職」の意味で用いられていました。そこには「王命」・「冊令（命）」によって任命される「官職」を「運命」と捉える下級官人や民衆の意識があったのでしょう。

男女の「縁」を「命」と捉えている例も大変興味深いものがあります。『詩經』の中にすでに〈運命〉というテーマで歌われていた詩篇が見えるのは、後世の文学的テーマとの繋がりが考えられるだけに、私にはとりわけ興味深いものに思われます。

以上お話し致しましたことから私は次のように考えています。「令」という文字は、本来文書による命令を言うものではなく、もっぱら口頭による命令を表わしていたものではないか、ということです。そして、西周時代中期の穆王期から現われる「命」が「冊令（命）形式金文」とともに現われたように、「冊令」つまり文書をともなった王命が原義だったのではないか、ということです。

あとがき

話体版と銘打ってこれだけのことを書くことができたという感慨を今改めて抱く。あれから随分時間が経過しているので、書きはじめた頃のことを全て憶えているわけではない。が、少なくともはっきり意識していたのは、学術論文を話体で書くことに挑戦するということであった。学術論文というものは文章体で書くものだというのが一般常識になっているが、話体で書いてはいけないという決まりはない。文章体のもつ一種厳かな雰囲気が論文に向いているかのような気分にさせられているだけのことではあるまいか。だが一方で、日本語は論理的な思考には向いていないなどと、まことしやかに昔から言われてきた事実がある。もしもそうだとすると文章体で書かれている論文は論理的な思考に向いていないということにならないだろうか？　このように順を追って考えを進めてくると、論理的な思考ができるかどうかは、一に筆者自身の力にかかっているのだということが明らかになってくる。私が話体で書くことに挑戦した理由がこの問題への挑戦だという意味がなくもないが、それは後でそのような意味があることに気付いただけのことで、当時はそんなことを考えていたわけではない。ただ、論理的に説明できないところを、強い断言の調子にしたり、人の知らなさそうな漢語を折り込んで糊塗するというやり方をできるだけ排除しなければならないという意識を強く持っていただけのことである。文章は明快でなければならない。そして明快な文章で深いことを記すことができなければならない。この一点が私の目指していたことである。それには次のようなフランス人の言葉が心に沁みる。

大岡信がコレージュ・ド・フランスで行なった連続講義が極めて高い評価を受けた時のことである。大岡の講義のフランス語訳を担当したドミニク・パルメ氏が次のようなことを話したという。(「毎日新聞」一九九四年十一月十日の記事による)

各講義とも五十枚程度の翻訳原稿になりましたが、しっかりした論理が組み上がっており頭を抱える部分はなかった。日本の学者がよく使う難解な漢語の羅列による逃げがなく、フランス人にもすんなり溶け込めた

日本の学者の論文の一つの特徴を的確に言い当てていると思われる。日本語が論理的でないのは「難解な漢語の羅列による逃げ」によるものだという外国人からの指摘である。話体はこのような「逃げ」を打ちにくい。話体版に挑戦したのはこの点にある。その頃敢えて「です・ます」調で書くようになっていた大岡信が、自著の「あとがき」で繰り返し話体で書くことの

重要性を述べていたが、その最も核心的な部分に触れたのが件のドミニク・パルマ氏であった。

この論考は〈古代中国の文字・歴史・考古〉を主題に掲げた「西伯」第一号（一九九七年）～第七号（二〇〇〇年）に書き継いだものである。他の雑誌から掲載して下さるとのお声もかけていただいたが、作字の費用が嵩むことへの気兼ねや、話版で書くというスタイルを決めていたこともあって、独自に雑誌を発行することにしたのである。当時はこの方面の雑誌はあまり多くなく、学問に対する私の姿勢に共感をもって下さる人があれば、ともに「西伯」を拠点にして果敢に進めていきたいという志を抱いたからである。当時まだ珍しかった考古学方面の有益な論文の翻訳も掲載して、小雑誌ながら体裁を整えた。

ここに書き継いだ論考が私の最後になるかも知れないという思いは非常に強かった。うまく行かなければ学問をきっぱりやめようと思っていたのである。今読み返してみるとそんな思いなど微塵も感じられず、むしろ伸び伸びと書いているように感じとれるのが、自分でも不思議である。人間には理屈だけでは説明しきれない側面があるのだ。こうしてここにまとめた論考が私の研究の第一歩となった。自分でも意外なほどたくさんのテーマを内包していることが感得できる。

雑誌の第一号を持って恩師白川静先生の家を訪ねた。私はこの論考の中で先生の説を批判しているのである。いや批判というよりも、白川先生の論理を進めればむしろこう考える方が、論理的な整合性が整うのではないかという修正案の提出である。学問的な対立というよりも、白川文字学の立場で十年前から気付いていた重要な問題の軌道修正を試みるという第二世代からの提案であった。先生からは励ましの言葉を頂き安堵の胸を撫で下ろしたのである。

この雑誌は多くの方々による経済的な支えと励ましによって継続できたことを今も感謝している。諸般の事情によりこの論考を上梓せずにいたことで随分多くの方々に迷惑をかけていたことに最近になって気付いた。私の特徴なのかも知れないが、これを書いたことによって新たに生まれた、より重要なテーマの謎解きに集中していたこともあって、いつの間にか時間が経過してしまった。「序文」にも書いたので重複を避けるが、ここからまた次の一歩が始まることを特に記しておきたい。ようやく経書とは何かというテーマ、そしてその先にある最終テーマへの道筋が見えてきた。難問とも言うべきこれらのテーマは、正直なところ最近までほとんど想定していなかったものである。実際に取り組むにはまだかなりの時間を要する。命あってのことだが、今まで通り素直な気持ちで追究していく所存である。

本年は大岡信さんが亡くなり、また昨年には、多大な影響を受けた国家論の世界的な学者である滝村隆一さんが亡くなった。滝村さんからは二度も電話を頂き、長時間にわたって意見を交わし合うことができたのは大切な思い出である。古代王朝の捉え方が適切であったという自信を得たことと、私の文章の書き方に賛同して下さったことが何よりも忘れがたい。

二〇一七年八月

【註】

第一部　西周〈昭穆期〉の位相

〔はじめに〕

（1）『人生の果樹園』（小学館　一九九三年）「あとがき」（二〇五頁）

〔第一章〕

（1）時期区分の問題は第六章から第八章で言及する。

（2）出土した青銅器の分布から見てこのように見るのが妥当だと思う。

（3）『詩経研究通論篇』（朋友書店　一九八一年）第八章　一「周頌の成立」。なお、『詩経研究通論篇』の初版は、立命館大学中国文学研究室から油印本として一九六〇年に発行された。「立命館文学」一八〇号（一九六〇年）にも「周頌の成立」と題して、ほぼ同じ内容で掲載された。三五頁）。

【補記】『白川静著作集』第十巻（平凡社）に再録。

（4）『中国古代王朝の形成』（創文社　一九七五年）第二部「西周史の研究」第二章「西周王権の消長」）

（5）『中国の歴史　第一巻　原始から春秋戦国』（講談社　一九七四年）第六章「西から東へ——周王朝の興起」）

（6）「盠彝銘考」（「神戸大学文学部紀要」六）

（7）『詩経研究通論篇』（前掲書）。注（3）の油印本を活字に組んだもの。

（8）一九五六年一〇月六日、陝西省長安県斗門鎮普渡村出土。「長安普渡村西周墓的発掘」（「考古学報」一九五七年第一期）参照。

（9）「金文通釈」第四六輯（「白鶴美術館誌」第四六輯　一九七七年）「西周史略」第三章「莽京辟雍」七六頁）

【補記】『白川静著作集　別巻』全七巻九冊（平凡社）に再録。暦譜をめぐる問題では大幅に改稿されたが、ここでは特に影響がないので言及しない。以下省略。

（10）より大規模な編鐘と考えられるもののうち、時期が最も早いと思われるのは、一九七六年一二月一五日、陝西省扶風県法門公社荘白一号西周坑で出土した《瘋鐘》と呼ばれる編鐘のうち、三式と仮称される六件一組のものである。これは懿王・孝王期頃と考えられるが、林巳奈夫氏の形態学的な分期ではⅢＡ（後期前半）とされているので、ここでは断定を避けた。ただこれを音階楽器として使えたとは思われない。

（11）李学勤・裘錫圭・樋口隆康・伊藤道治・松丸道雄『シンポジウム　中国古文字と殷周文化――甲骨文・金文をめぐって』（東方書店　一九八九年）所収「考古学からみた殷周文化」での発言。活字になる際に、「甲骨・金文学というのは、学問研究のまったく新しい分野であり、……」という表現に改められた。

〔第二章〕

（1）第二部「〈令〉字論序説」のこと。

（2）別稿の予定。

（3）第九章参照。

（4）話しの流れの関係上、白川静氏の考えに沿ってこのように述べたが、私自身は、「冊命形式金文」の出現を穆王期と考えている。

（5）「金文通釈」第四六輯（「白鶴美術館誌」第四六輯　一九七七年）「西周史略」第一章「殷周の際」四頁）

（6）「金文通釈」第四七輯（一九七七年）「西周史略」第四章「政治的秩序の成立」（八一頁）

（7）『中国古代史学の発展』の引用と頁数は、『貝塚茂樹著作集』第四巻「中国古代史学の発展」（中央公論社　一九七七年）に拠った。

（8）第九章・十章参照。

〔第三章〕

（1）「金文通釈」第四六輯（一九七七年）「西周史略」第一章「殷周の際」（一頁）

（2）『史記』の本文は標点本『史記』（中華書局　一九五九年）一三四頁に拠る。以下同様。

【補記】『点校本二十四史修訂本　史記』（二〇一四年）を入手したので念のために照合したが変更

点は特にない。以下、特に断らないが旧版に依った。新しく校訂されたテキストにも関心はあるが、テキストの違いを問題視しなければならない場合があるとすれば、そのテキストの違いによって重大な解釈の変更を迫られる場合である。その場合そうしたテキストの違いがなぜ生じたかについても考える必要がある。そうでない場合に一々版本やテキストの問題を取り上げない考えであることを一言しておく。以下同じ。

（3）西周時代の銘文で康王の名が見えるのは、一九七六年に出土した《史牆盤》だけであるが、ここでは「周本紀」に記述された王名である康王に従った。銘文ではむしろこの時期の王名としては《盥圜器》《翏［翙］父方鼎》《効父毀》等、休王の名の見えるものが多い。詳細は第十三章参照。

（4）『孟子』での「王道」はこの一例のみである。「王道」の思想は、孟子の中では重要な位置を占めているだけに、この事実によってかえって新たな問題を提起された気持ちになる。尚、本文は〈中国古典選〉所収の金谷治『孟子』（朝日新聞社　一九七八年）を用い、句読点・訓読は私見に拠った。以下同様。

【補記】「十三経注疏」などのテキストを用いなかったのは、その方面の学者の仕事の成果を重んじたいからである。前述の註（2）に記した通りである。

（5）「王道先得民心、民心無恨。故言王道之始。」

（6）「以不忍人之心、不忍人之政、治天下、可運之掌上。」（公孫丑上）

（7）滝村隆一氏は、「社会構成の歴史と論理」（初出は「試行」第三〇号。後に『マルクス主義国家論』勁草書房　一九七一年所収）で、歴史的国家の研究に取り組み始めてよりこのかた、古代国家を近代国家と同じように扱おうとする考え方を厳しく批判してきた。こうした彼の考えは、『アジア的国家と革命』（三一書房　一九七八年）や『国家の本質と起源』（勁草書房　一九八一年）で、本格的に展開された。特に重要なのは『国家の本質と起源』のI「国家の本質と起源」に収められた諸論考である。氏は、原始的な国家に発する国家の歴史的発展を〈部族国家〉→〈王国〉→〈帝国〉というふうに段階的に見ているが、その考え方に従えば、西周王朝はせいぜい〈部族国家〉のレベルであって、まだ〈王国〉のレベルには達していない。いなもう少し正確に言うなら、「〈王権〉を〈共同体―内―第三権力〉へと実質的に転成」（同　一三二頁）させることに成功しなかった、と言うべきであろう。さてその〈部族国家〉について滝村氏は次のように規定しているので、参考にしてほしい。

〈部族国家〉とは、〈部族的〉共同体の〈外的国家〉形成の一定の進展が、軍事的指揮者に発する〈王〉ないし〈部族的王〉に、祭祀的・政治的指揮・主権者としての支配的地位を付与せしめることによって、経済的にもようやく他の共同体構成員と区別されつつある、支配的階層形成の端緒的段階である。（「モルガンの〈アジア的〉国家否定論」一三二頁）

〔第四章〕

（1）テキストは「漢文大系」第十巻（冨山房　一九一一年）に拠った。書き下し文は私見に拠る。

（2）『竹書紀年輯校訂補』方祥編（学海出版社　一九七六年）二二五頁を用いた。

（3）標点本『史記』（前掲書）に拠る。

（4）第十章参照。

〔第五章〕

（1）『史記』（前掲書）二六六三〜二六六四頁。

（2）同前　二九四一〜二九四二頁。

（3）例えば《大克鼎》には次のような文が見える。

王若曰、克、昔余既令女、出内朕令、今余隹醽𦎫乃令。

（王　かくのごとく曰く、「克よ。昔、余既に女に令して朕の令を出納せしむ。今余これ、乃の令を醽𦎫す。）

また、《大鼎》は王命出納の様子を伝える

王乎善夫騳、召大𠂤厥友、入攼。

（王　膳夫騳を呼び、大と厥の友とを召し、入りて攼《まも》らしむ。）

（4）『周礼』巻四の〈天官・膳夫〉には次のような記述がある。

膳夫。掌王之食飲膳羞、以養王及后世子。

（膳夫。王の食飲膳羞を掌り、以て王及び后世子を養ふ。）

本文は、本田二郎著『周礼通釈』（秀英出版　一九七七年）を用いた。以下同様。

（5）『漢書』巻五十三「景十三王伝」に、以下のような記事が見える。

河間獻王徳以孝景前二年立、修學好古、實事求是。從民得善書、必爲好寫與之、留其眞、加金帛賜以招之。是四方道術之人不遠千里、或有先祖舊書、多奉以奏獻王者、故得書多、與漢朝等。是時、淮南王安亦好書、所招致率多浮辯。獻王所得書皆古文先秦舊書、周官・尚書、禮、禮記、孟子、老子之屬、皆經傳説記、七十子之徒所論。

（標点本『漢書』中華書局　一九六二年六月。二四一〇頁　によった。）

（6）『史記』（中華書局　一九五九年）一五二二頁。

（7）例えば、西周前期の《小臣單觶》には、「王後𠬝克商、才成𠂤、周公易小臣單貝十朋、用乍寶隮彝」（王の後𠬝　商に克ちて、成の師に在り。周公　小臣單に貝十朋を賜ふ。用て寶隮彝を作る。）と刻されている。

殷代の〈小臣〉が貴族階級に属すると説かれた論考に、白川静氏の「小臣考――殷代奴隷制社会説の一問題――」（上）・（下）（『立命館文学』一一六号・一一七号　一九五五年）がある。

（8）例えば、西周中期の銘文《師虎毀》には、「王乎内史呉曰、冊令虎。」（王　内史呉を呼びて曰く、虎に冊令せよ、と。）と刻されている。

（9）『周礼』巻三十一〈夏官・祭僕〉。

（10）『周礼』巻三十一〈夏官・戎右〉。

（11）第十二章参照。

〔第六章〕

（1）「〈令〉字論序説」（本書所収）

（2）林巳奈夫氏の分期ではⅢ（後期）となっている。

（3）《㝬鐘》の出土地は不明であるが、《㝬毀》は周原の扶風県法門公社斉村の灰窖中から出土している。（「文物」一九七九年第四期所収「陝西扶風発現西周厲王㝬毀」）。周原から出土した同一作器者の青銅器群は、同穴ではなくても当該豪族の同じ敷地内から出土する場合が多い。

（4）発掘報告をした羅西章氏をはじめ中国の学者はみな王の作器と考えている。日本の学者もほぼ同様であるが、白川静氏はこの毀については沈黙を守っており、私も断定を避けた。

〔第七章〕

（1）『西周銅器断代』（「考古学報」第九冊〜第十四冊）

（2）『西周銅器の研究』（「京都大学文学部研究紀要」第七　一九六三年）が初出。ここでは樋口隆康教授退官記念論集『展望　アジアの考古学』（新潮社　一九八三年）に所収のものに拠る。加筆は行なわれていない。）

（3）『殷周時代青銅器の研究――殷周青銅器綜覧一』（吉川弘文館　一九八四年）

（4）盧連成・胡智生　宝鶏市博物館編輯『宝鶏強国墓地』（文物出版社　一九八八年）の附録一として収録されている。

（5）『西周銅器の研究』第四章。

（6）『史記』「殷本紀」には、「慢于鬼神。大冣樂戲于沙丘、以酒爲池、縣肉爲林、使男女倮相逐其間、爲長夜之飲。」と記している。（前掲書　一〇五頁）

（7）隹九月、王才宗周、令盂、王若曰、盂、不顯玟王、受天有大令、在珷王、嗣玟乍邦、闢厥匿、匍有
四方、畯正厥民
在雩御事、戲酉無敢醺、有□糞祀、無敢醿、古天異臨子、灋保先王、□有四方、我聞、殷遂令、
隹殷邊侯田、雩殷正百辟、率肄于酉、古喪𠂤

（8）「酒誥」には、「文王誥敎小子有正有事、無彝酒。越庶國飮惟祀、德將、無醉、惟曰〔化〕我民迪。」と記している。

（池田末利氏の全釈漢文大系版『尚書』集英社　一九七六年　に拠った。）

（9）「商周銅器の鳥文試論」（「泉屋博古館紀要」第一巻　一九八四年）

（10）「西周中期青銅器的重要標尺」は、初出の「中国歴史博物館館刊」一九七九年第一期に拠った。後に李学勤氏の論文集『新出青銅器研究』（文物出版社　一九九〇年）に再録。さらに、『西周微氏家族青銅器群研究』（文物出版社　一九九二年）にも収録された。

（11）第九章参照。

〔第八章〕

（1）中国科学院考古研究所安陽発掘隊「一九五八年――一九五九年殷墟発掘簡報」（「考古」一九六一年第二期）

（2）第六章参照。

（3）浅原達郎「蜀兵探原――二里岡インパクトと周・蜀・楚――」（「古史春秋」第二号　一九八五年）。張光直氏の〝Shang Civilization〟は浅原氏の言及に従う。

（4）第七章参照。

〔第九章〕

(1)「金文通釈」第四五輯(一九七五年)四〇六頁以下参照。

(2)「金文通釈」第十九輯(一九六七年)の「盠駒尊」の項。

(3)林巳奈夫氏自身の考えでは、ⅡA(中期前半)とⅡB(中期後半)とに一応分類しても微妙なものが残るが、ⅠB(前期前半)とⅡB(中期後半)とでは明らかに異なっていると見做す、というゆったりした考え方である。

(4)第四章参照。

(5)『説文解字』巻八上

(6)『説文解字』巻一二下

(7)『字統』(平凡社　一九八四年)

(8)原著 VOM KRIEGE 1832–34 Karl von Clausewitz　ここでは、篠田英雄訳『戦争論』上・中・下(岩波文庫　一九六八年)に拠った。

(9)同前。第六篇「防御」第一章「攻撃と防御」一「防御の概念」二六八頁。

(10)「戍」を防御概念で捉らえ直したのは必ずしも私が最初ではない。何幼琦氏の「周昭王南征補遺」(『西周年代学論叢』湖北人民出版社　一九八九年所収)は、「戍」字を含む銘文をすべて昭王期のものと捉らえ、次のような興味深い結論を下しているが、青銅器の断代に問題があり、容認しにくい。

昭王卽位以後、楚國強大起來、不時發生搶掠和內侵、這就是「王道衰微」、併不是昭王「德衰」。由《彔卣》和《宗周鐘》看來、楚國（淮夷・南國）和濮族深入周室的疆域、是這次戰爭的原因、昭王南征是進行懲罰性的防御戰、以戰爭的勝利保證邊境人民生活的安寧、併不是爲了擴張領土或掠奪財富。

（一一二頁）

（昭王卽位以後、楚は強大となり、度々掠奪と內侵が発生した。これが「王道衰微」であって、昭王の「徳が衰えた」のではない。《彔卣》と《宗周鐘》から見ると、楚国（淮夷・南国）と濮族とが周室の疆域に深く侵入したのがこの度の戦争の原因である。昭王の南征は、懲罰的な防御戦を行ない、戦争の勝利によって辺境人民の生活の安寧を保証したのであって、領土を拡張したり財富を掠奪するためのものではない。）

《宗周鐘》を昭王期とするのは、本稿でも言及したように、郭沫若氏・貝塚茂樹氏等金文学の先駆者たちの説であるが、今日の形態学的な研究の観点から見て到底成立するものではない。上記引用箇所に見られる《彔卣》も、穆王期や昭穆期とする人はあっても昭王期のものとする人は、今日ではまず存在しない。

（1）第六章参照。

（2）《𣪕》は「王曰く」で始まる珍しい銘文である。

〔第十一章〕

（1）『中国古代国家の支配構造』（中央公論社　一九八七年）。また木村秀海氏も「西周官制の基本構造」（「史学雑誌」九四─一）や「六𠂤の官構成について──盠方尊銘文を中心にして──」（「東方学」第六九輯）で試みている。

（2）「はじめに」参照。

（3）例えば、「西周青銅器製作の背景」では、《睘尊》の銘文のもつ意義について、次のように述べている。

「第一に、王室より賜与された青銅器の銘文に対して不満を懐いてその腹愈せにこれを改作して自己の祭器群に加えるような諸侯が存在した、ということ、第二には、作器の多くは周室所属の工房においてなされたろうけれども、諸侯側において作器する場合もありえたこと、の二点を明瞭に示唆している、と考えられるからである。」（五一頁）

また冠尊について述べている箇所では、次のように記している。

王室と冠尊との関係の、王室側からする確認の強要に外ならない。」（一二四頁）
何れにも、近代社会においての関係を見ようとしているような異和感を私は感じる。

〔第十二章〕

（1）王統譜については第十三章参照。歌謡・神話については第十四章参照。
（2）詳細は「〈令〉字論序説」（前出）参照
（3）「金文通釈」第二八輯（一九六九年）の「大克鼎」の項に拠った。
（4）「天平六年出云国計会帳の研究」（『日本古代史論集』下巻）。『日本古代官僚制の研究』（一九八六年、岩波書店）所収の「前期難波宮と古代官僚制」、「選任令・選叙令と郡領の『試練』」等。「律令国家・王朝国家における天皇」（岩波書店『日本の社会史　第三巻　権威と支配』一九八七年）。「公式様文書と文書木簡」（「木簡研究」七号）。週刊朝日百科・日本の歴史・別冊「歴史の読み方4」『文献史料を読む・古代』（朝日新聞社　一九九〇年）。『宣旨試論』（岩波書店　一九九〇年）。「儀式・政務と口頭伝達」（古典講読シリーズ『続日本紀』第一講。岩波書店　一九九三年）などに精密な考証が加えられている。
（5）新潮日本古典集成『枕草子』（新潮社　一九七七年）を用いた。

(6) 前掲の早川論文の外に、折口信夫氏のノリト論があり、国家形成論を考える上で重要である。「祝詞概説（一）」(『折口信夫全集ノート編　第九巻』中央公論社　一九七一年)、「祝詞　概説（二）」(同前)、「咒詞及び祝詞」(『折口信夫全集　第三巻　古代研究』中公文庫　一九七五年)、「日本文学の発生」(『折口信夫全集　第七巻』中公文庫　一九七六年)、「大和時代の文学」(『折口信夫全集　第八巻』中公文庫　一九七六年)、「上世日本の文学」(『折口信夫全集　第十二巻』中公文庫　一九七六年)等がある。

(7) 民族学の観点からは、川田順造氏の論考が注目される。『声』(築摩書房　一九八八年)他。また同氏が現地で録音したものを収録した『白水カセットブック　サバンナの音の世界』(白水社　一九八八年)には、新嘗祭に当る「コフィルガ」での、王の会衆への演説が収められているのは、大変貴重である。

(8) 第十三章参照。

(9) 第十四章参照。

〔第十三章〕

(1) 第三章参照。

(2) 陝西周原考古隊「陝西扶風荘白一号西周青銅器窖蔵発掘簡報」(「文物」一九七八年第三期)

(3) 陝西周原考古隊「扶風召陳西周建築群基址発掘簡報」(「文物」一九八一年第三期)

(4) 羅西章〔伊藤宏明訳〕「古代の都城――巨大な宝庫」(『中国陝西省宝鶏市周原文物展』岐阜市歴史博物館　一九八八年)参照。

(5)「白鶴美術館誌」第五〇輯　一九七九年。

(6) 第十章参照。

(7)「金文通釈」第九輯(「白鶴美術館誌」第九輯　一九六五年)

(8) 白川静氏の「金文通釈」第十四輯(「白鶴美術館誌」第十四輯　一九六六年)には、「康王の王妣であると思われる。康王没後、皇太后として休天君と称されていたのであろう。」(七九六頁)と記されている。

(9) 関根正雄氏は『古代イスラエルの思想家』(講談社　一九八二年)で、「カリスマというのは神の霊的賜物である。これはヴェーバーの使っているひじょうに重要な用語で、『支配の社会学』の中でカリスマ的支配という支配の形態を重んずるが、ヴェーバーのカリスマ的というのはきわめてキリスト教的な概念で、新約聖書のカリスマという概念からきている。であるから『神の霊的賜物』と訳すのが正しいと思うが、そういう意味でモーセに与えられたカリスマが出エジプトにおいて決定的であった。」(七二頁)と述べている。

(10) 例えば、「曾子曰、慎終追遠、民徳帰厚矣。」(「論語」学而第一)のように使われるようになる。

（11）『説文新義　巻二』（五典書院　一九六九年）

【補記】「白川静著作集　別巻」全十五巻別巻一巻（平凡社）に再録。

（12）『穆天子伝』成立の背景」（『東方学』第二六輯　一九六三年）

（13）『尚書引論』（新文豊出版『尚書類聚初集』八　一九八四年　に拠った。）

〔第十四章〕

（1）第二章参照。

（2）川田順造・福井勝義編『民族とは何か』（岩波書店　一九八八年）所収。

（3）H. W. Longfellow: EVANGELINE, (1847)。日本語版は斎藤悦子訳『哀詩　エヴァンジェリン』（岩波文庫　一九三〇年）。

（4）本文は『毛詩正義』（清・阮元『十三経注疏附校勘記』中文出版社　一九七一年　所収）に拠った。私訳を試みた。

（5）金文では、共王期のものと考えられる《史懋壺》に「葊京」の名が見えるのが最後　である。

（6）陝西省歴史博物館編『西周史論文集』上・下（陝西人民教育出版社　一九九三年）には、鄭洪春・穆海亭「鎬京西周五号大型宮室基址初探」が報告されている。鎬京の様相は徐々に明らかになっていくであろう。

(7)『詩経』(中公新書　一九七〇年)

第二部　「令」字論序説

〔はじめに〕

(1)本書第一部

(2)特に『甲骨金文学論叢』初集(油印本。一九五五年三月)に収められた「釈史」参照。

【補記】後に数篇を割愛した『甲骨金文学論集』(朋友書店。一九七三年十二月)を発行。さらに平凡社『白川静著作集』別巻に『甲骨金文学論叢』全三冊を収録した(二〇〇八年〜二〇一二年)。

(3)「西周〈昭穆期〉の位相」第二章「昭穆期の政治情況」(「西伯」第一号)参照。

(4)『四部善本新刊　断句套印本　説文解字注』(一九八〇年。漢京文化事業有限公司。)を用いた。四三五頁上。

(5)「祝詞概説(一)」(『折口信夫全集ノート編　第九巻』中央公論社　一九七一年)、「祝詞概説(二)」(同前)、「咒詞及び祝詞」(『折口信夫全集　第三巻　古代研究』中公文庫　一九七五年)、「日本文学の発生」(『折口信夫全集　第七巻』中公文庫　一九七六年)、「大和時代の文学」(『折口信夫全集第八巻』中公文庫　一九七六年)、「上世日本の文学」(『折口信夫全集　第十二巻』中公文庫　一九七六年)等がある。

〔第一章〕

(1)前掲書。四三五頁上。
(2)前掲書。五篇下。二二五頁上。
(3)前掲書。九篇上。四三五頁上。
(4)『周礼』には、「掌節。掌守邦節而弁其用、以輔王命。守邦国者用玉節、守都鄙者用角節。凡邦国之使節、山国用虎節、土国用人節、沢国用竜節、皆金也。以英蕩輔之。門関用符節。貨賄用璽節。道路用旌節。皆有期以反節。凡通達於天下者、必有節以伝輔之。無節者有幾則不達。」と記されている。
(5)「天平六年出雲国計会帳の研究」(『日本古代史論集』下巻。吉川弘文館　一九六二年)。『日本古代官僚制の研究』(岩波書店　一九八六年)所収の「前期難波宮と古代官僚制」、「選任令・選叙令と郡領の『試練』」等。「律令国家・王朝国家における天皇」(岩波書店『日本の社会史　第三巻　権威と支配』一九八七年)。「公式様文書と文書木簡」(「木簡研究」七号)。週刊朝日百科・日本の歴史・別冊「歴史の読み方4」『文献史料を読む・古代』(朝日新聞社　一九九〇年)。『宣旨試論』(岩波書店　一九九〇年)。「儀式・政務と口頭伝達」(古典購読シリーズ『続日本紀』第一講。岩波書店一九九三年）などに精密な考証が加えられている。特に「天平六年出雲国計会帳の研究」は王命伝達の具体的な手順が詳しく記されている。

（6）『天空の玉座——中国古代帝国の朝政と儀礼』（柏書房　一九九六年）

（7）難波宮址を守る会『難波宮と日本古代国家』（塙書房　一九七七年）所収。

（8）左右庭中、朝堂百寮之位、蕭曹魏邴、謀謨乎上、佐命則垂統、輔翼則成化、流大漢之愷悌、盪亡秦之毒螫。（『文選』第一巻　班固「両都賦」。集英社〈全釈漢文大系〉26の小尾郊一『文選』を用いた。）

朝堂承東、歓調延北、西有玉臺、聯以昆德、嵯峨崨嶫、罔識所則。（『文選』第二巻　張衡「西京賦」。同前。）

（9）中国社会科学院考古研究所編著『漢長安城未央宮』上・下（中国大百科全書出版社　一九九六年）。特に報告内容を総論的にまとめた「結語」（「西伯」第六号訳載）参照。

（10）本文は〈四部集要叢書部〉『漢魏叢書』全六冊（新興書局　一九六六年）所収の「独断」三九八頁に拠った。

（11）『後漢書』のテキストは標点本『後漢書』（中華書局）を用いた。

（12）註8を参照。

（13）『三国志』のテキストは標点本『三国志』（中華書局）を用いた。

（14）マルクスの『資本論』に「商品交換は、共同体が他の共同体または他の共同体の成員と接触する点に始まる。」（岩波文庫。向坂逸郎訳『資本論』第一巻第一篇第二章「交換過程」一五八頁）という言葉が見える。ここに謂うところの空間は、商品交換の行なわれる共同体間境界領域という意味をもっているが、そのような空間がまた同時に、共同体どうしの接触によって発生する政治空間の意味をもってくると考える。

(15) 註5を参照。

(16) 初出は「史学雑誌」第九〇編第六号（一九八一年）、後に『日本古代官僚制の研究』（岩波書店　一九八六年）に収録。

(17) 本文は〈新潮日本古典集成〉『枕草子』（新潮社　一九七七年）を用いた。

(18) 1天王使邵武公、内史過賜晉侯命。受玉惰（『春秋左氏傳』僖公十一年）

2王命尹氏及王子虎・内史叔興父策命晉侯爲侯伯、賜之大輅之服・戎輅之服・彤弓一・彤矢百・玈弓十玈矢千・秬鬯一卣・虎賁三百人、曰、王謂叔父、敬服王命、以綏四國、糾逖王慝、晉侯三辭、從命、曰、重耳敢再拜稽首、奉揚天子之丕顯休命、受策以出（同前　僖公二十八年）

3王使劉定公賜齊侯命曰、昔伯舅大公右我先王、股肱周室、師保萬民、世胙大師、以表東海、王室之不壞、繄伯舅是賴、今余命女環、茲率舅氏之典、纂乃祖考、無忝乃舊、敬之哉、無廢朕命（同前　襄公十四年）

4使大史命伯石為卿、辭、大史退則請命焉、復命之、又辭、如是三、乃受策入拜、子產是以惡其爲人也、使次己位（同前　襄公三十年）

5夏四月、鄭伯如晉、公孫段相、甚敬而卑、禮無違者、晉侯嘉焉、授之以策、曰、子豐有勞於晉國、余聞而弗忘、賜女州田、以胙乃舊勳、伯石再拜稽首、受策以出（同前　昭公三年）
6其載書云、王若曰、晉重、魯申、衞武、蔡甲午、鄭捷、齊潘、宋王臣、莒期、藏在周府、可覆視也、吾子欲復文武之略、而不正其德、將如之何（同前　定公四年）
(19)「金文通釈」第二八輯（「白鶴美術館」第二八輯　一九六九年）所収の「大克鼎」の項に拠った。
(20)浙江文芸出版社。一九九五年。
(21)「考古学報」一九五六年第一期（科学出版社　一九五六年）。『尚書通論』（商務印書館　一九六七年）にも「王若曰考」として収録されている。
(22)比較的早い時期の用例を一例ずつ挙げておく。
余易女秬鬯一卣・金車・……《彔伯𣪘》
易用弓、彤矢其央、易用戉、用政蛮方、子〃孫〃、萬年無彊。《虢季子白盤》
(23)尸用或敢再拜稽首、雁受君公之易光、《叔夷鐘》
(24)比較的早い時期の用例を擧げておく。「對揚皇尹不顯休、用乍父庚永寶𩰫彝」《史獸鼎》
(25)齊桓有召陵之師。晉文有踐土之盟。君其何用。宋向戌・鄭公孫僑在。諸侯之良也。君其選焉。王曰、吾用齊桓。（昭公四年）
宣子曰、齊桓晉文不亦是乎。對曰、齊桓衞姫之子也。（昭公十三年）

(26)「西周〈昭穆期〉の位相」第十三章。

〔第二章〕

(1)「骨説相合、乃能運動、今人言命運以此、言靈動者、靈是借字、令是本字」(「六書疏證」)。ただ引用は白川静『説文新義』(五典書院 一九七一年)巻九・六一頁の該当箇所を借用した。

(2)「竊謂令實古鈴字、篆上象其體、下象其舌、草有馬兜鈴・金鈴兒、正象其形」(「字義鏡新」)。ただし、引用は『説文新義』巻九・六〇頁の該当箇所を借用した。

(3)『甲骨文集句簡釈』(中州古籍出版社 一九八六年)九四頁。

(4)丁福保『説文解字詁林』全十七冊(一九七六年増訂第一版。台湾商務印書館)第九冊・四〇二〇に拠った。

(5)中央研究院歴史語言研究所専刊之五十(一九八二年)第九・二八六八頁。

(6)『書契淵源』五帙十七冊(文求堂一九三七年)帙二・九六。

(7)『説文新義』巻九・六一頁。

(8)『説文解字詁林』第九冊・四〇二一に拠った。

(9)『説文解字詁林』第六冊・二二二四に拠った。

(10)『中島敦全集』第一巻(筑摩書房 一九七六年)九頁。

（11）『書契淵源』帙二・九六。

（12）この一節で私が述べたことは、こと「令」字の上部が「礼冠」だと見なされたことに限っては、確かな根拠を以て論証できているわけではないということを述べただけのことである。白川静の説は緻密で周到な考証を経て論証されるのが特徴であるが、この場合は例外的な説なので私案を提示した次第である。

（13）標点本『漢書』（中華書局）四八〇頁。

（14）『甲骨文合集』全十三冊（中華書局　一九七八年～一九八三年）

（15）『小屯南地甲骨集』上冊第一分冊・第二分冊（中華書局　一九八〇年）

（16）『英国所蔵甲骨集』上篇上冊・下冊（中華書局　一九八五年）

（17）『甲骨文字研究　図版篇』（同朋舎　一九八〇年）

（18）この問題について董作賓氏は、『甲骨学六十年』（芸文印書舘　一九七四年）に簡潔に整理している。

（19）王宇信『甲骨学通論』（中国社会科学出版社　一九八九年）には、董作賓氏の評言を踏まえて、次のように記している。

第一期　雄偉。有的字形体較大、筆力遒勁。也有的字形体較小、但剛勁。

第二期　勤飭。文字大小適中、行款均匀整斉。疏密適度。

第三期　頽廃。常見文字錯訛、行款散乱之作。当然、也有文字精整清秀者。

第四期　勁峭。文字峭抜聳立、粗獷豪放、被人称為「銅筋鉄骨」。

第五期　厳整。行款排列整斉、多有方整段落、文字細小、結構厳整渾厚。（一七三頁）

(20) 岩波書店〈日本古典文学大系〉六八『日本書紀』下・四五五頁に拠った。

(21) 同前四五五頁の上注二二。

(22) 「日本歴史」四五八号所収。

(23) 『日本書紀』（前掲書）下　四四五頁に拠った。

(24) 西周時代前期の成王期のものと思われる《大保𣪘》に「王伐彔子聖、𠭯厥反、王降征令玗大保、大保克苟、亡鴬、王造大保、易休余土、用玆彝對令」という銘文が刻されている。釈文は「金文通釈」第五十三輯「両周青銅器銘釈文」（一）所収「三、大保𣪘」に拠った。

〔第三章〕

(1) 洪家義「令命的分化」（「古文字研究一〇」一九八三年七月）

(2) 「立命館文学」二六四・二六五合併号（一九六七年六月）

(3) 小川環樹・西田太一郎『漢文入門』（岩波書店　一九五七年十一月）四六頁。

(4) 『詩経国風』（平凡社　一九九〇年五月）

(5) 『詩経雅頌1』（平凡社　一九九八年六月）

（6）『詩経雅頌2』（平凡社　一九九八年六月）

（7）『詩経研究通論篇』（朋友書店　一九八一年一〇月）。『白川静著作集』（平凡社　二〇〇〇年十月）にも収録。

（8）『詩経国風』（前掲書）三〇一頁では「おいいつけ」と、ややくだけた表現で釈されているのは興味深い。

（9）同前　三七一頁。

（10）同前。

（11）清原宣賢講述　小川環樹・木田章義校訂『毛詩抄』四（岩波書店　一九九六年六月）

た行

な行

文献・器名索引

は行

ま行

や行

ら行

わ行

人名索引

ま行

や行

ら行

た行

な行

は行

事項索引

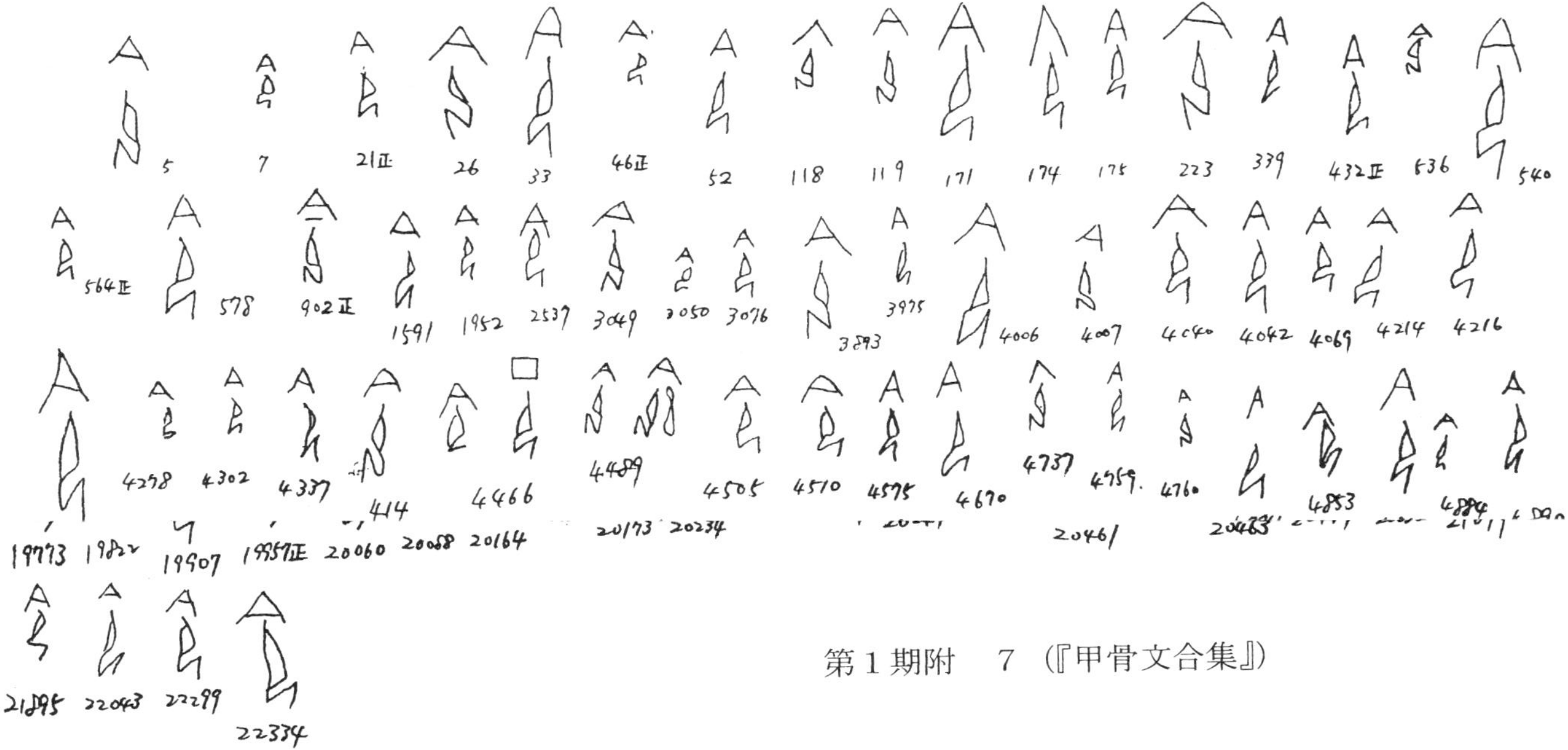

第1期附　7（『甲骨文合集』）

『甲骨文合集』より

（注）少しでも形が違うと思われたものは拾い上げている。

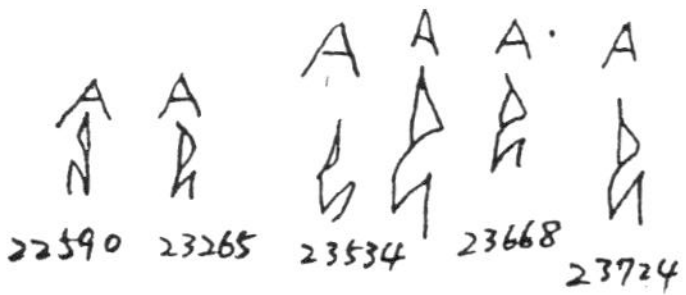

第２期　　８（『甲骨文合集』）

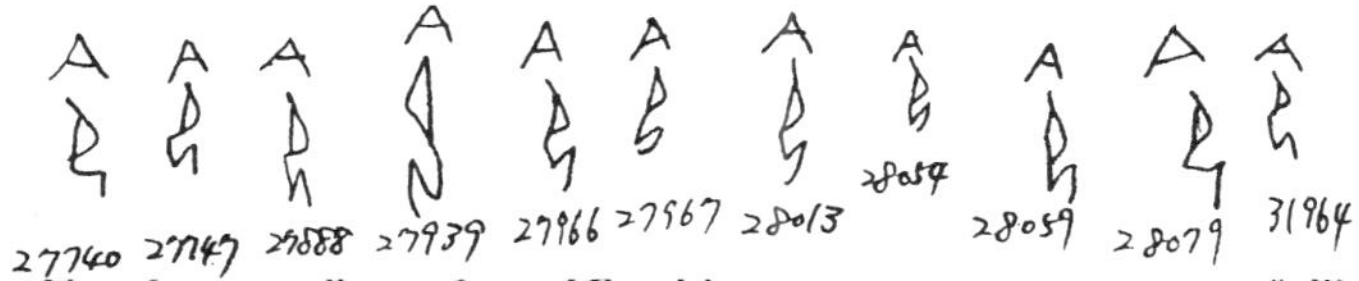

第３期　　９・１０（『甲骨文合集』）

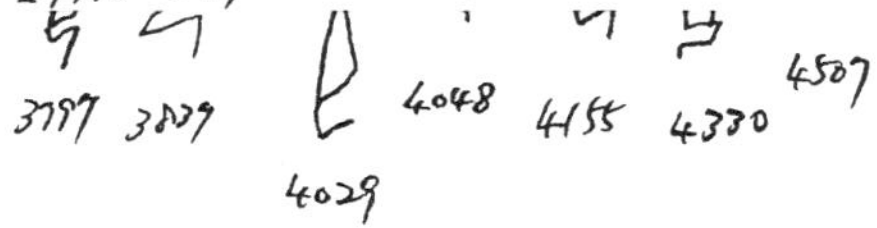

『小屯南地甲骨』

著者略歴

高島敏夫（たかしま・としお）

1948年京都市生まれ。立命館大学中国文学科卒。現在は立命館大学の中国文学特殊講義（文字学他）を担当。同大学白川静記念東洋文字文化研究所の研究員を経て、現在は客員研究員。同研究所の活動として「初期漢字研究会」を主宰。白川文字学の普遍化と深化につとめる。最近の研究テーマは、殷代末期から西周時代にかけての文化の大転換期（殷周革命）を対象とするもの。白川静『金文通釈』の「本文篇語彙索引」を担当。

著書『甲骨文の誕生　原論』（人文書院、2015年）

『白川文字学の原点に還る』（朋友書店、2016年）。

©Toshio TAKASHIMA
HOYU SHOTEN Printed in Japan

西周王朝論《話体版》

二〇一七年一二月二五日 第一刷発行

定価四、二五〇円（税別）

著者　高島敏夫

発行者　土江洋宇

発行所　朋友書店

〒六〇六―八三一一

京都市左京区吉田神楽岡町八

電話（〇七五）七六一―一二八五

FAX（〇七五）七六一―八一五〇

E-mail:hoyu@hoyubook.co.jp

印刷所　亜細亜印刷株式会社

ISBN978-4-89281-166-1 C0022 ¥4250E